Soziologie

Forum
der Deutschen Gesellschaft für Soziologie

Heft 1 • 2026

Herausgeberin im Auftrag von Konzil und Vorstand der Deutschen Gesellschaft für Soziologie:
Prof. Dr. Angelika Poferl (verantwortlich im Sinne des Presserechts)
Redaktion: Prof. Dr. Sylke Nissen und Dipl. Pol. Karin Lange, Universität Leipzig, Institut für Soziologie, Beethovenstraße 15, D-04107 Leipzig, Tel.: 0341/97 35 640,
E-Mail: soz-red@sozio.uni-leipzig.de (Redaktion) oder angelika.poferl@tu-dortmund.de (Angelika Poferl)

Vorsitzende der Deutschen Gesellschaft für Soziologie:
Prof. Dr. Monika Wohlrab-Sahr, Universität Leipzig,
Institut für Kulturwissenschaften, Beethovenstraße 15, D-04107 Leipzig
E-Mail: wohlrab@uni-leipzig.de, Tel.: 0341/ 973 5678
Geschäftsstelle der Deutschen Gesellschaft für Soziologie:
Marcel Siepmann (Leitung), DGS c/o Kulturwissenschaftliches Institut Essen, Goethestraße 31, D-45128 Essen, E-Mail: marcel.siepmann@kwi-nrw.de,
Tel.: 0201/1838 138, Fax: 0201/1838 232
Schatzmeisterin der Deutschen Gesellschaft für Soziologie:
Prof. Dr. Heike Delitz, Universität Regensburg, Fakultät Sprach-, Literatur-, Kulturwissenschaft, Altes Finanzamt, Landshuter Str. 4, D-93047 Regensburg, E-Mail: Heike.Delitz@ur.de

Aufnahmeanträge für die DGS-Mitgliedschaft und weitere Informationen unter www.soziologie.de

Die Zeitschrift SOZIOLOGIE erscheint viermal im Jahr zu Beginn eines Quartals. Redaktionsschluss ist jeweils acht Wochen vorher. Für Mitglieder der DGS ist der Bezug der Zeitschrift im Mitgliedsbeitrag enthalten. Beiträge in der SOZIOLOGIE werden über EBSCOhost Information Services sowie in den Bibliographien von De Gruyter: IBZ und IBR erfasst.

Campus Verlag in der Beltz Verlagsgruppe GmbH & Co. KG, Werderstr. 10, 69469 Weinheim, info@campus.de
Geschäftsführung: Marianne Rübelmann
Programmleitung: Dr. Judith Wilke-Primavesi
Anzeigenbetreuung: Claudia Klinger, Beltz Verlagsgruppe GmbH & Co. KG, Postfach 100154, D-69441 Weinheim, Tel.: 06201/6007-386, E-Mail: anzeigen@beltz.de
Fragen zum Abonnement und Einzelheftbestellungen: Beltz Medien-Service, Postfach 100565, D-69445 Weinheim, Tel.: 06201/6007-330, E-Mail: medienservice@beltz.de

Bezugsmöglichkeiten für Nichtmitglieder der DGS:
Jahresabonnement privat 85 €, Einzelheftpreis 24 €
Alle Preise zuzüglich Versandkosten. Alle Preise und Versandkosten unterliegen der Preisbindung. Kündigungen des Abonnements müssen spätestens sechs Wochen vor Ablauf des Bezugszeitraums schriftlich mit Nennung der Kundennummer erfolgen.

Druck: Beltz Grafische Betriebe GmbH, Bad Langensalza
Beltz Grafische Betriebe GmbH ist ein Unternehmen mit finanziellem Klimabeitrag (ID 15985-2104-1001).
ISSN 0340-918X
www.campus.de

Inhalt

Berichte aus den Sektionen

Nachrichten aus der Soziologie

Liebe Kolleginnen und Kollegen,

im Herbst 2025 hat der 42. Kongress der DGS an der Universität Duisburg-Essen stattgefunden. Er war dem Thema »Transitionen« gewidmet – ein Leitbegriff, der, so das Themenpapier, »vor allem die *Verläufe und Dynamiken* gesellschaftlicher, institutioneller wie individueller Veränderungen in ihren unterschiedlichen Qualitäten« in den Mittelpunkt rückte. Hierbei sollte es vor allem darum gehen, sich »den Prozessen des Übergangs mit ihren Momenten des ›Dazwischen‹, der Kontingenz und der Offenheit wie auch möglicher Regelhaftigkeit, Regulierung und Gerichtetheit weiterer Entwicklungen« zuzuwenden und soziale Transitionen als »Zustände des Werdens«, des Nicht-Mehr« und »Noch-Nicht« zu behandeln, die auf »allen Ebenen des Sozialen und in allen Bereichen der Gesellschaft beobachtet werden« (SOZIOLOGIE, 2025, Heft 3, S. 328). Die Befassung damit war vielfältig und facettenreich. Es gab eindrucksvolle Eröffnungs- und Abschlussveranstaltungen, Plenarvorträge und Mittagsvorlesungen, Sektionsveranstaltungen, Sonderveranstaltungen und Ad-hoc-Gruppen, wobei letztere – eben: ad hoc – auch mit Frage- und Problemstellungen befasst sein können, die vom Hauptthema abweichen.

Der Vorstand der DGS hat die Möglichkeit genutzt, eine ad-hoc-Veranstaltung zu einer aktuellen fachgesellschaftlichen Debatte anzusetzen. Anlass und Gegenstand waren der in Heft 4/2025 erwähnte Beschluss der *International Sociologial Association* (ISA), die Mitgliedschaft der Israelischen Soziologischen Gesellschaft (ISS) zu suspendieren und die dazu erfolgte – im vorangehenden Heft abgedruckte – kritische Stellungnahme des Vorstands der DGS, der sich gegen die Suspendierung ausgesprochen hat. Geoffrey Pleyers, der derzeitige Präsident der ISA, war der Einladung des DGS-Vorstandes zur Teilnahme an der Veranstaltung gefolgt und erläuterte die Entscheidung seiner Organisation, Monika Wohlrab-Sahr sprach als Vorsitzende für den Vorstand der DGS und begründete dessen Position. Am Podium beteiligt war außerdem Johannes Becker vom Leibniz-Zentrum Moderner Orient (ZMO), Berlin, der die Debatte allgemeiner in den internationalen Diskurs einordnete. Zahlreiche Kongressteilnehmerinnen und -teilnehmer sind der Einladung zur Veranstaltung gefolgt. Die anschließende Diskussion mit dem Publikum bildete das Spektrum der Auseinandersetzung ab, das von ausdrücklicher Zustimmung zur kritischen Haltung des DGS-Vorstandes bis hin zu deren Verurteilung reichte. Um simple Einigung oder oberflächliche Solidaritätsbekundungen ging es bei alldem nicht. Wichtig war, einen Raum für den wechselseitigen Austausch verschiedener Positionen zu eröffnen und miteinander in ein Gespräch zu kommen. Man mag es unterschiedlich beurteilen, doch dies scheint gelungen zu sein. Die Debatte um Israel, Palästina und die deutsche Soziologie sowie deren aktuelle gesellschaftliche, politische, aber auch historische Hintergründe wird die DGS, konzentriert auf Fragen der fachlichen und fachgesellschaftlichen Relevanz, weiter beschäftigen – voraussichtlich auch in dieser Zeitschrift und in einer weiteren geplanten Veranstaltung auf dem kommenden Kongress.

Der 43. Kongress der DGS liegt vor uns, er findet vom 28. September bis 2. Oktober 2026 an der Johannes Gutenberg-Universität Mainz statt. Zwei DGS-Kongresse, die, anstelle des sonst üblichen Zwei-Jahres-Rhythmus, in zwei unmittelbar aufeinanderfolgenden Jahren durchgeführt werden, verlangen allen Verantwortlichen und Beteiligten auf allen Ebenen ein außerordentlich hohes Tempo und entsprechenden Einsatz ab. Die Aufmerksamkeit wird auf das Thema »Zukünfte der Gesellschaft« gerichtet sein, die Vorbereitungen sind in vollem Gang. Das Themenpapier lag Ihnen bereits im letzten Heft vor. Im Heft 1/2026, das Sie hier in Händen halten, werden Sie unter anderem über die Themen der Plenarveranstaltungen informiert. Drei davon werden von den Sektionen der DGS, drei vom Vorstand ausgerichtet werden.

Unbenommen dessen gehen die Inhalte unserer Zeitschrift weit über Kongressthemen und -belange hinaus. Wir bedanken uns sehr für die Zuschriften und Zusendungen, die uns erreichen. Auch in der vorliegenden Ausgabe finden Sie eine Reihe interessanter Beiträge, deren Einlassungen, Denkanstöße und Argumentationen zur Reflexion und fachlichen Auseinandersetzung veranlassen.

Nicht zuletzt gilt es, von verstorbenen Kolleginnen und Kollegen Abschied zu nehmen. Sie finden in diesem Heft Nachrufe auf Johannes Weiß, Claus Offe und Hermann Korte. Am 22. Oktober 2025 verstarb Elisabeth Beck-Gernsheim. Sie wurde noch wenige Wochen zuvor in Duisburg mit dem Preis für das wissenschaftliche Lebenswerk ausgezeichnet, den sie aus gesundheitlichen Gründen nicht mehr selbst entgegennehmen konnte. Eine Würdigung von Paula-Irene Villa-Braslavsky wird in Heft 2/2026 veröffentlicht werden.

Mit herzlichen Grüßen,
Angelika Poferl

Soziologie, 55. Jg., Heft 1, 2026, S. 7–14

Transitionen und Transition[1]

Monika Wohlrab-Sahr

Liebe Kolleginnen und Kollegen, liebe Studierende, »Transitionen« lautet das Thema des Kongresses. Das ruft vieles von dem auf, was uns als Zeitgenossen und Soziologinnen[2] umtreibt. Die Stadt Duisburg und der Prozess der Postindustrialisierung, den sie verkörpert, bringen dies exemplarisch zum Ausdruck. Die Universität Duisburg-Essen mit ihrer Expertise in der Arbeitssoziologie führt uns das in vielen Formaten und mit Einblicken in die städtische Umwelt des Kongresses vor Augen. Es ist eine Menge Arbeit, so einen Kongress auf die Beine zu stellen, und wir brauchen Kolleginnen und Universitätsleitungen, die das möglich machen. Unser Dank gilt der Universität und den Organisatorinnen des Kongresses!

Die Eröffnungsvorträge der Vorsitzenden sind üblicherweise professionspolitisch ausgerichtet. Sehen Sie es mir nach, wenn ich mich hier auf einige wenige Anmerkungen beschränke und ansonsten zum Thema des Kongresses und zu einem aktuellen Anlass spreche. Die Lage der DGS wird bei der Mitgliederversammlung mit Zahlen genau unterlegt werden. Hier nur kurz: Die DGS hat derzeit 3.700 Mitglieder. Der Anteil der Frauen ist in den letzten Jahren stark gestiegen und liegt jetzt bei 45 Prozent. Der wissenschaftliche Mittelbau, zu gleichen Anteilen auf vollen und auf Teilzeitstellen, macht etwa die Hälfte der Mitglieder aus, dazu kommen 11 Prozent Promovierende. Der Anteil der aktuell beschäftigten Professoren ist in den letzten Jahren kontinuierlich leicht gesunken und liegt derzeit bei etwa 19 Prozent, plus 11 Prozent Pensionierte und Emeritierte. Knapp 5 Prozent der Mitglieder sind Studierende.

1 Eröffnungsvortrag auf dem 42. Kongress der DGS in Duisburg am 22. September 2025.
2 Ich verwende abwechselnd männliche und weibliche Formen.

Die DGS ist also mehrheitlich eine Organisation des Mittelbaus. Anders als man meinen könnte, ist das bei der Akademie für Soziologie nicht wesentlich anders. Der Kollege Rolf Becker hat mir die Zahlen freundlicherweise zur Verfügung gestellt. Gestartet als Professorenverband mit einem Anteil von über 60 Prozent, haben sich die Verhältnisse in den wenigen Jahren ihres Bestehens umgekehrt, so dass die Professoren heute nur noch 36 Prozent der Mitglieder stellen. Auch hier sind der promovierte Mittelbau und die Promovierenden als assoziierte Mitglieder die deutliche Mehrheit. Wir durchlaufen also dieselben Prozesse.

Seit Gründung der Akademie hat es in der DGS eine Reihe von Austritten von quantitativ arbeitenden Kollegen gegeben, weil sie sich in den Gremien der DGS nicht angemessen repräsentiert sehen und sich zum Teil in den Kongressen nicht wiederfinden. Wir müssen das ernst nehmen und auch für das Repräsentationsproblem Lösungen finden. Wir müssen bei der Wahl auch ein Gesamtbild des Vorstands als Repräsentation der verschiedenen Richtungen vor Augen haben. Das betrifft uns alle, und es betrifft die DGS als Organisation aller! Vor allem für die Angehörigen des Mittelbaus, und zwar aller methodischen Richtungen, muss die DGS eine wissenschaftliche Heimat bleiben, ganz egal, ob sie sich nebenbei auch bei der Akademie engagieren. Aber es braucht auch das Engagement der Professorinnen und Professoren, die ihr Wissen, ihre Position und ihre Reputation im Sinne der DGS einsetzen. Wir müssen offen und attraktiv bleiben für alle, und ich bitte Sie alle, daran mitzuwirken.

Ich komme nun zum Thema des Kongresses.

Das Thema des Kongresses – Transitionen – ist bewusst im Plural formuliert. Angesprochen sind schleichende oder abrupte, kontingente oder gerichtete Prozesse und die ihnen zugrunde liegenden Dynamiken. Gleichzeitig verweist vieles auf eine umfassendere Transition, eine Transition im Singular. Ein Umbruch, den wir als Zeitgenossen einer westlichen Gesellschaft in unserem globalen Umfeld erleben, und dessen Dramatik in manchem an das Marxsche Diktum »Alles Ständische und Stehende verdampft« erinnert. Transition im Singular, weil sich Verschiedenes zur Wahrnehmung eines umfassenden Umbruchs verdichtet, in dem die alten Eckpfeiler von Stabilität und Orientierung kollabieren. Manches trifft uns unvorbereitet, anderes geschieht schleichend und kein Ende nehmend.

Dies betrifft auf globaler Ebene den *Klimawandel*. Die Soziologie der Nachhaltigkeit ist hier auf dem Kongress breit vertreten. Es geht um eine radikale, unumkehrbare Transition, mit all ihren ökologischen, sozialen und existenziellen Folgen, nicht nur für die menschliche Spezies. Eine Transition, die in ihrer Kulmination in eins fällt mit der Lebenszeit der Generation der Babyboomer, der auch ich angehöre: einer Generation, die teilhatte am »Wirtschaftswunder«, am »Fahrstuhleffekt nach oben«, aber damit auch am exponentiellen Anstieg des Ressourcenverbrauchs. Der konkrete Umgang mit dem Problem des Klimawandels löst Konflikte um Bedarfskulturen und neue Klassenkämpfe aus und lässt Regierungsparteien energiepolitische Kehrtwenden vollziehen. Soziologische Expertise ist hier unverzichtbar.

Die große Transition betrifft den Einfluss neuer Kommunikationstechnologien, ihre Möglichkeiten der Evidenzsuggestion und ihre Konkurrenz mit tradierten Formen der Wissensproduktion. »Künstliche Intelligenz« und »Fake News« sind Chiffren für diesen Wandel, der sich in rapider Geschwindigkeit vollzieht. Er tangiert unsere Möglichkeiten in der Medizin ebenso wie unser Konsumverhalten und unsere politischen Entscheidungen, unsere Formen der Herstellung von Beziehungen wie unser Verhältnis zu uns selbst. Nicht zuletzt beeinflusst er das, was wir für wahr halten oder von dem wir nicht mehr wissen, ob wir es für wahr halten können. Er markiert in vieler Hinsicht eine *epistemische* Transition.

Die Transition betrifft die *politische* Landschaft, in der eine Partei Erfolge einfährt, die vom Verfassungsschutz als gesichert rechtsextremistisch eingestuft wurde. In den östlichen Bundesländern kommt sie in die Nähe der Regierungsbeteiligung, in Duisburg in die Stichwahl für das Bürgermeisteramt. Die Folgen weit in das demokratische Parteienspektrum hinein haben wir im Wahlkampf erlebt. Umso wichtiger ist die Veranstaltung am Mittwoch, die fragt, wie es nach dem »Sommer der Migration« im Jahr 2015 weitergegangen ist. Wie die Situation der damals Geflüchteten ist, die teilhaben an der andauernden *Transition zur (post-)migrantischen Gesellschaft* und den daran andockenden sozialen und politischen Verwerfungen. In Deutschland und anderswo.

Die Transition der politischen Landschaft betrifft in besonderer Weise die USA, wo in atemberaubender Geschwindigkeit ein autoritäres Regime entstanden ist, das in demokratische Institutionen wie in Universitäten »per Dekret« eingreift, das in Lehre und Forschung interveniert, missliebige Meinungsäußerungen kriminalisiert. Und das Existenzen der Angehörigen von Minderheiten willkürlich gefährdet. Dieser Prozess im Inneren der USA wird begleitet von einer weit darüber hinausgehenden Transition. Waren doch die USA – trotz vieler problematischer Interventionen weltweit – auch ein Ort, auf dessen demokratische Institutionen man glaubte, sich beziehen zu können. Waren sie doch lange rettende Wahlheimat für Personen, die anderswo existentiell bedroht waren. Die Geschwindigkeit, mit der demokratische Institutionen ausgehebelt werden, provoziert die Frage, was uns bevorsteht, sollte die AfD den Weg in die Regierungsbeteiligung finden. Man kann deren Pläne in den Transkripten der Plenarsitzungen der Landtage, wie jüngst in Sachsen-Anhalt zum Thema »Gender«, nachlesen. An einer ostdeutschen Universität befasst sich eine Arbeitsgruppe »Resilienz« derzeit mit dem Szenario einer AfD-Regierungsbeteiligung, eine Hochschule erwägt, die Freigabe bestimmter Professuren vorzuziehen, weil sie befürchtet, dies im Ernstfall nicht mehr tun zu können. Und dabei geht es nicht um »Gender«. Vielleicht brauchen wir beim Mainzer Kongress eine Adhoc-Gruppe »Resilienz«.

Die Unterstützung, die Trump in den USA und die AfD hierzulande finden, lässt uns nach den Ursachen dieser Transition der politischen Orientierung fragen. Die Arbeiten von Arlie Hochschild gehen dem in den USA ethnographisch nach, viele Soziologinnen und Soziologen in Deutschland erkunden die Hintergründe des Rechtsrucks hierzulande. Wir können viel dazu hören auf diesem Kongress. Insgesamt sind wir konfrontiert mit der Marginalisierung und Bedrohung der Demokratie als politischem Modell auch in deren Kernländern und mit der Infragestellung des »liberalen Skripts«, wie die Berliner es genannt haben. Eine große Transition.

Die große Transition dokumentiert sich auch im Angriffskrieg auf die Ukraine und dessen Folgen, die den ehemaligen Bundeskanzler von der *Zeitenwende* haben reden lassen. Ein Begriff, der mit der Wahrnehmung Vieler korrespondierte. Wir alle sind konfrontiert mit den Konsequenzen für das politische Selbstverständnis der Bundesrepublik. Die Ostpolitik Willy Brandts gehörte für meine Generation ebenso zu den politischen Orientierungspunkten wie die Friedensdemonstrationen im Bonner Hofgarten. Nun sind wir konfrontiert mit der Realität eines Krieges »um die Ecke«, mit Fragen der Beteiligung an kriegerischen Ereignissen, veränderten Bündniskonstellationen, einem wachsenden Militärhaushalt, aber auch mit der Verstärkung politischer Differenzen, nicht zuletzt entlang der Ost-West-Achse. Die Abwesenheit des Krieges, in der man sich nach 1945 wähnen konnte, auch wenn anderswo ständig Kriege stattfanden, ist an ihr Ende gekommen. Das politische Koordinatensystem ist erschüttert. Die Nachkriegszeit ist endgültig vorbei.

Das Gefühl einer grundlegenden Transition setzt sich fort in unserer *Verhältnisbestimmung gegenüber Israel* und Palästina, in unserem Umgang mit Phänomenen und Vorwürfen des Antisemitismus und mit dem Krieg in Gaza, der mit dem Massaker der Hamas und den Geiselnahmen begonnen und sich seitdem zu einem Vernichtungskrieg entwickelt hat. Auf die Positionierungen zu diesem Geschehen wirken nicht zuletzt generationelle und demographische Transitionen ein: ein *Generationenwandel*, der veränderte geschichtspolitische Sensibilitäten mit sich bringt – etwa in der Fokussierung auf koloniale Gewalt; und der Wandel zu einer *(post-migrantischen) Gesellschaft*, in der für manche der Krieg im Nahen Osten biographisch und emotional näher liegt als die Verbrechen der Nationalsozialisten und deren gegenwärtige Verharmloser. Das produziert unweigerlich Friktionen des Verstehens.

Die Solidarität mit Israel gehörte für viele zum moralischen Gerüst einer sich mit dem Nationalsozialismus kritisch auseinandersetzenden Generation und ihrer Nachkommen. Die Schulen und Hochschulen wurden – allmählich – zu wichtigen Repräsentanten dieser Haltung. Selbst in Bayern sensibilisierten uns unsere 68er-Referendare für die Nachwirkungen nazistischer Sprache.

Der Horror des von der Hamas in Israel angerichteten Massakers ließ die alten moralisch-politischen Koordinaten weiter Teile der bundesrepublikanischen Öffentlichkeit noch intakt. Die Solidaritätserklärungen kannten ihren Adressaten. Auch der Beginn des Krieges in Gaza konnte – als Form der Selbstverteidigung und Versuch der Befreiung der Geiseln – zunächst noch unter diesem Vorzeichen betrachtet werden. Die Solidarisierung mit der Bevölkerung in Gaza fand vor allem auf der Straße statt, auch auf Universitätsgelände, zum Teil einhergehend mit Gewalt und Zerstörung, zum Teil mit problematischen Symbolen und Slogans. Es war aber eben doch eine *Solidarisierung*, die die Berliner Kollegen als solche ernst genommen haben. Es war, als hätte sich im akademischen Kontext eine Arbeitsteilung der Solidarisierungen eingestellt. Die Universitäten hatten Schwierigkeiten, hier in einen zivilisierenden Diskurs einzusteigen. Die Politik der Einladungen und Ausladungen und die Praxis der Störungen und Verhinderungen blieb oft hilflos im Versuch, Koordinaten der moralisch-politischen Orientierung festzuklopfen. Dies betraf sowohl palästinensische als auch israelische Wissenschaftler und Kulturschaffende, zum Teil betraf es solche, die irgendwann ein Statement des Berufsverbands Deutscher Soziologinnen und Soziologen unterschrieben hatten.

Dramatisiert wurde dies in Deutschland durch eine Intervention in die *Wissenschaftsfreiheit*, in der von ministerieller Seite gegen Wissenschaftler, die zum Dialog mit den Protestierenden aufgerufen hatten, der Vorwurf des Antisemitismus erhoben wurde, verbunden mit Überlegungen zu Konsequenzen für die Vergabe von Forschungsgeldern. Die wissenschaftlichen

Gremien, auch die DGS, wiesen dies eindeutig zurück. Der Schaden war gleichwohl angerichtet.

All dies verweist auf eine Komplizierung im politisch-moralischen Haushalt der Bundesrepublik. Gilt doch der Antisemitismusvorwurf längst nicht mehr allein einem real existierenden Antisemitismus, sondern dient auch dazu, Kritik an der israelischen Politik zu delegitimieren. Das fordert uns als Soziologinnen zur Reflexion heraus: Die Beiträge in der SOZIOLOGIE waren ein erster Schritt, Veranstaltungen hier in Duisburg und Mainz folgen.

Der Konflikt um die Suspension der ISS durch die ISA und der Protest der DGS gehören in diesen Kontext. Sie haben unterschiedliche Reaktionen ausgelöst. Ein Mitglied ist aus der DGS ausgetreten, weil wir die Suspension nicht als antisemitisch zurückgewiesen haben, viele haben unser Schreiben nachdrücklich unterstützt, und es gab den kritischen offenen Brief, in dem die Suspension begrüßt und der DGS moralisches Versagen vorgeworfen wird. Das lässt keine von uns kalt. Und es veranlasst mich, hier zur Sache zu sprechen.

Der Krieg in Gaza hat sich zu einem Vernichtungskrieg entwickelt, dem in unfassbarem Ausmaß Zivilisten zum Opfer fielen und fallen. Nicht zuletzt Kinder. Sie kennen alle die Nachrichten. Bombardierungen, Schüsse auf Menschen an Essensausgaben, eine Politik des Aushungerns, fehlende medizinische Versorgung, Vertreibungen. Jeden Tag weitere Tote.

Die israelische Gesellschaft ist – wie die amerikanische und zunehmend auch europäische Gesellschaften – zutiefst gespalten. Es waren allen voran israelische Soziologinnen und Soziologen, die das kritisch analysiert haben. Wir sollten nicht vergessen, wie lange in Israel die Proteste gegen die Regierung Netanyahus schon andauern. Zuerst gegen den Versuch, die Unabhängigkeit der Justiz einzuschränken. Später, bis heute, für einen Waffenstillstand und das Ende des Krieges. Hunderttausende Protestierender.

Es kam in Israel seitdem zu massiven Versuchen, die Wissenschaftsfreiheit einzuschränken. Die Union Israelischer Studierender trieb einen Gesetzesentwurf voran, wonach Fakultätsmitglieder sofort entlassen werden sollten, wenn sie Meinungen äußern, die als gegen Israel gerichtet, Terrorismus unterstützend oder Israels Existenz als jüdisch-demokratischen Staat negierend wahrgenommen werden. Der Verband der Universitätsleitungen, die *Senior Faculty Association* und der Präsident der *Hebrew University* haben diesen Vorschlag scharf verurteilt. Er wurde bisher nicht weiterverfolgt.

Seit dem Krieg in Gaza sind zahlreiche offene Briefe und Petitionen von Wissenschaftlern veröffentlicht worden, die den Krieg scharf verurteilen. Tausende haben unterschrieben. Der Soziologin Eva Illouz wurde wegen ihres Protests gegen die Behandlung von Palästinensern in der Westbank der Israel-Preis verweigert. Als das Weizmann Institut im Juni von iranischen Bomben zerstört wurde, kommentierte Yinon Magal, rechtsgerichteter Politiker und Journalist des regierungsnahen Kanal 14 auf X: »God almighty: 1, Weizmann Institute: 0«.

Die Regierung kümmern die Proteste nicht. Und sie kümmern Wissenschaftsboykotte nicht. Ganz im Gegenteil: Der Ministerpräsident spricht inzwischen von der Notwendigkeit einer Autarkiepolitik mit Sparta als Vorbild.

Im Juni suspendierte die ISA die ISS, weil diese den Krieg in Gaza nicht klar genug verurteilt habe. Im Vorfeld der Tagung in Rabat hatte es massiven Druck gegen die Teilnahme israelischer Wissenschaftler gegeben. In der Entscheidung der ISA ging es um die *kollektive* Mitgliedschaft der ISS. Aber kurz danach erhielten viele israelische Kollegen per mail ein Formular, in dem sie ihre Ablehnung des Kriegs in Gaza erklären und sich von ihren Heimatinstitutionen distanzieren sollten, sofern diese »complicit« seien. Andernfalls würde man ihre Sessions canceln. Diese Aktion ging *nicht* von der ISA aus, aber sie erweckte den Anschein des Offiziellen. Öffentlich distanziert hat sich die ISA von dieser Intervention in das Tagungsgeschehen bisher nicht.

Anders als vielfach behauptet, trifft ein Boykott wissenschaftlicher Einrichtungen immer auch Individuen. Das erleben israelische Kolleginnen aktuell an vielen Stellen. In Wissenschaft und Kultur. Das Argument, das dabei geltend gemacht wird, ist immer wieder dasselbe: *Die betreffende Person oder Organisation hätte sich nicht hinreichend distanziert.* Einmal ist es eine Wissenschaftsorganisation, das andere Mal ein Dirigent. In totalisierender Weise wird ein öffentlicher Pranger errichtet, bei dem kein Unterschied gemacht wird zwischen einer autoritären Regierung und einem Fachverband, der – bei allen Schwierigkeiten – das Fach als kritisches zu bewahren sucht. Ein Verband, durch den der Riss in der Gesellschaft hindurchgeht. Suspendiert werden nicht diejenigen, die diesen Krieg zu beenden sich weigern. Sondern die, die zu denen gehören, die seit mehr als zwei Jahren gegen diese Regierung protestieren, und die versuchen, die Wissenschaftsfreiheit aufrecht zu erhalten.

Es gibt ein denkbares Szenario, in dem der Boykott einer Wissenschaftsorganisation gerechtfertigt wäre: dann nämlich, wenn sie zum *Sprachrohr* einer autoritären und verbrecherischen Regierung geworden ist. Wenn sie keinen Platz lässt für Wissenschaftsfreiheit. Und wenn die, die in ihr arbeiten, nur noch Agenten eines autoritären Apparates sind. Wir kennen hierzulande solche Entwicklungen. Es wäre absurd, diesen Grenzfall bei der ISS für gegeben zu halten.

Dies zu sehen, bedeutet nicht, den Horror in Gaza zu relativieren. Wir müssen vom »ja, aber«, das das »ja« sofort entwertet, zum »ja, und« kommen, das beide Seiten aushält.

Die Frage, ob sie sich politisch positionieren soll, treibt die DGS seit ihrem Beginn um und wird seitdem kontrovers diskutiert. Von Anfang an haben prominente Vertreter über dieser Frage dem Verband den Rücken gekehrt. Der Vorstand der DGS hat in seinen Stellungnahmen nicht immer gleich agiert. Man kann solche Fragen nicht mit einem Computerprogramm entscheiden. Wir haben um die Stellungnahme zur Suspension der ISS gerungen. Auch in Zukunft werden Fälle diskutiert werden müssen. Gleichwohl bleibt die Frage nach unserem Aufgabenbereich als *Wissenschaftsorganisation* und unseren Einflussmöglichkeiten entscheidend.

Wir können und müssen unsere Stimme geltend machen in Wissenschaftsbelangen. Und in jedem Fall ist es unsere Aufgabe, das, was ich hier als Facetten einer großen Transition beschrieben habe, soziologisch zu analysieren und diese Analysen in die Öffentlichkeit zu tragen. Darin besteht unser gesellschaftlicher und politischer Auftrag! Dafür brauchen wir kluge Analysen und öffentlichkeitswirksame Auftritte. Und wir brauchen Expertise in unterschiedlichen Methoden, um das Ganze glaubwürdig und sachgerecht zu vertreten.

Dieser Kongress nimmt diese Aufgabe ernst. Ich wünsche Ihnen aufregende Tage, konzentrierte Debatten und offene Gespräche. Und nicht zuletzt: Vergnügen und gute Begegnungen!

Soziologie, 55. Jg., Heft 1, 2026, S. 15–26

Gefährdetes Wissen[1]

Tilman Reitz

Im Folgenden habe ich eine relativ umfassende Agenda, die ich zu Beginn kurz erläutern und dann im weitesten Sinn soziologisch bearbeiten werde. Was gefährdet die Wissenschaft heute (eher) von innen, was (eher) von außen, und was können wir gegen diese Gefährdungen tun? Für den ersten Punkt werde ich einige Gedanken zur Wissenssoziologie der Fehlanreize ausführen, also zu der Weise, in der unser Hochschulsystem gerade gesteuert wird. Meine Stichworte sind hier a) Taylorisierung im Kampf ums berufliche Dasein, b) Potemkinsche Dörfer in der Konkurrenz um Projektmittel sowie c) Erfolgskalküle im metrisierten Publikationswettbewerb. Die zweite, politisch-soziologische Ausführung betrifft die externen Gefährdungen, vor allem durch den neuen Autoritarismus. Ich werde das Thema unter dem Stichwort Elitenkritik abhandeln, weil ich glaube, dass hier ein besonders wichtiger und ernstzunehmender Teil der Bedrohung liegt, der wir uns gegenübersehen. Schließlich werde ich etwas zu Vorkehrungen sagen, die wir als Soziolog*innen gegen autoritäre Angriffe treffen können. Diesen Teil werde ich kürzer und bewusst tentativ halten.

Was lässt sich heute als Krise der Wissenschaft, der Sozialwissenschaften und speziell der Soziologie feststellen? Ich spreche zunächst kurz alle relevanten Aspekte an. Wir haben eine *partiell unerwartete* Krise, zumindest eine bedrückende und bedrohliche Bewegung, die wohl nur die wenigsten von uns in diesem Ausmaß erwartet hatten: den Kampf der Trump-Administration gegen die Elite-Universitäten und gegen die Freiheit der Wissenschaft insgesamt. Dass die Angriffe so geballt kommen und dass selbst eine Institution wie Harvard in Frage gestellt wird, kam zumindest für mich überraschend. Ähnliche Angriffe sind in näherer Zukunft auch in anderen Ländern zu befürchten, in denen der Rechtspopulismus gegen das akademische

1 Vortrag zur Gründungsfeier des Instituts für Soziologie an der TU Dortmund am 8. Juli 2025

Establishment insgesamt und besonders gegen kritische Forschungsrichtungen mobilisiert. Zugleich sollten wir in Deutschland auf eine ganz andere, *mittelfristig absehbare* und vielerorts schon akute Krise vorbereitet sein. Die Hochschulen stehen angesichts wachsender Betriebskosten, knapper Landeshaushalte sowie stagnierender oder sinkender Studierendenzahlen unter einem enormen Einsparungsdruck, der sich in den nächsten Jahren vermutlich noch einmal verschärfen wird. Aktuell kursieren die Zahlen zur Kürzung der Landesmittel in Nordrhein-Westfalen, und Bundesländer wie Berlin oder Hessen nehmen ebenfalls starke Einschnitte vor. Im Überblick kann man heute sagen oder vermuten, dass die Hochschulpolitik nicht nur versucht, Studierendenberge mit möglichst wenig wissenschaftlichem Personal zu untertunneln, sondern dass die wechselnden Berge und Täler mit einer riesigen Masse befristet Beschäftigter überbrückt werden. Diese Strategie, die sich seit gut zwei Jahrzehnten abzeichnet, wird dadurch bedrohlich, dass die Beschäftigten eben immer disponibel sind, also aus Systemsicht nicht gehalten werden müssen. Ihre Lage ist zugleich Teil einer *längerfristigen* Substanzkrise, zu der ich mich gleich ausführlicher äußern will. Infrage steht hier die Leistungsfähigkeit dessen, was man polemisch als akademischen Fassaden- und Hochstapelkapitalismus bezeichnen kann, also der Konkurrenz um Projektmittel, Publikationsmetriken und andere Reputationsgüter.

Der *worst case* würde natürlich eintreten, wenn sich die interne und die externe Krise verbinden, wenn also in näherer Zukunft eine wie immer beschaffene Rechtsregierung sagen würde: So viel Geld brauchen wir nicht mehr für die Hochschulen, und für die Geistes- und Sozialwissenschaften brauchen wir sogar deutlich weniger, besonders für Leute, die penetrant linkslastig forschen und lehren – und wenn die stark projektmittelabhängigen Hochschulen sowie deren prekarisiertes Personal dem Angriff schutzlos ausgesetzt wären. Das muss nicht so kommen, aber natürlich ist es auch nicht unmöglich, und wir müssen uns in irgendeiner Form darauf vorbereiten.

Innere Gefährdungen

Zu den inneren Gefährdungen der Wissenschaft greife ich hier drei wichtige Punkte heraus. Erstens haben, wie wir alle wissen, Wissenschaftler*innen in frühen Karrierephasen einen sehr schweren Stand – oft also in einem Zeitraum von etwa zwanzig Jahren oder bis ins fünfte Lebensjahrzehnt, weil die ersehnte Professur nur für die wenigsten rasch kommt. Diejenigen, die sie besonders jung erreichen, fühlen sich denn auch oft überfordert. Von allen anderen sind bedrückende Zahlen und Schicksale bekannt. Das gilt vor allem für Deutschland, ist aber auch ein internationaler Trend. Die beste Schilderung der Effekte habe ich in einem englischsprachigen Buch gefunden, das sich ganz allgemein mit neoliberaler Regierungstechnik auseinandersetzt. Interessanterweise (und deshalb zitiere ich die Stelle häufiger) wird dort zugleich gesagt, dass in der geistigen Arbeit eine Art neuer Taylorismus installiert wird. Norbert Bolz hat das Stichwort einmal für die Bologna-Reform genutzt, auf die es noch nicht ganz gepasst hat – aber ich finde, die aktuellen Beschäftigungsverhältnisse trifft es wirklich gut:

»By using different combinations of […] marketization, […] intellectual work is parcelled in discrete sequences and routinized; ex-ante and ex-post forms of assessment are then used to measure the degree of conformity of each […] academic […] located along the production line. In this model of mass production, conformity is rewarded by allowing a tiny minority to move up the ranks, whereas non-conformity is strongly discouraged by the ease with which an individual could be replaced […] by a growing number of part-time and temporary workers seeking a more secure position.« (Palumbo, Scott 2018: 177)

Während dieses System in Fabriken, denkt man, teilweise schon der Vergangenheit angehört oder nur noch in einigen Weltteilen üblich ist, wurde es an den Hochschulen wahrscheinlich erst in den letzten zwei, drei Jahrzehnten installiert. Die Umstellung beeinträchtigt nicht nur das Arbeitsklima, sondern auch die wissenschaftlichen Resultate: Die *normal science* weitet sich auf Kosten dessen aus, was eigentlich ständig versprochen wird, nämlich *groundbreaking research*. Die Leute haben in diesem Klima schlicht keine Zeit mehr, Atem zu schöpfen oder wirklich neue Ideen zu entwickeln.

Mein zweiter, ähnlich gelagerter Punkt ist sehr kurz und eher eine polemische Illustration. Ich glaube, dass viele große Verbundprojekte ihren großen Ressourcenaufwand kaum rechtfertigen können. Die Beteiligten stecken zu viel Arbeit in Anträge und haben Schwierigkeiten, die versprochene Zusammenarbeit zu realisieren. Ich möchte das kurz an den Selbstbeschreibungen zweier Verbünde illustrieren, die ich hier in ein kleines Ratespiel einbaue. Welcher Forschungseinrichtung sind die folgenden Selbstbeschreibungen jeweils zuzuordnen? Ist es ein ehemaliger Exzellenzcluster zu normativen Ordnungen? Ist es ein gerade bewilligter Exzellenzcluster zu kollektiven Vorstellungen? Oder präsentiert sich hier ein Verbund zur Erforschung affektiver Dynamiken in bewegten Welten? Ich lese zwei Webseitentexte vor, wobei ich die Erwähnungen des jeweiligen Titelthemas durch die Buchstaben X und Y ersetze:

»X kann Gesellschaften zusammenhalten und Solidarität fördern, aber auch Differenzen und Spaltungen erzeugen. X kann Einheit und Zusammenhalt stiften, aber auch zu Formen der Ausgrenzung und Gewalt führen. Es kann soziale Strukturen stärken und etablieren, aber auch in Bewegung versetzen und Veränderungen anstoßen. Die aktuellen Debatten zur Klimakrise und zur ökologischen Zukunft des Planeten, die öffentlichen Deutungskämpfe um die Pandemie, die Kriege in der Ukraine und im Nahen Osten, die Zukunft der Demokratie und die Wiederkehr rechtsextremer Vorstellungswelten zeigen, wie relevant und aktuell das Thema für unsere Gegenwart ist, in Deutschland und weltweit.«

Und jetzt zu einem anderen der erwähnten Forschungsverbünde:

»Wie etablieren und verändern sich politische, rechtliche, religiöse oder ökonomische Y, wie kristallisieren sich daraus Herrschaftsstrukturen, wie verteilen sich Macht- und Lebenschancen – auch auf transnationaler Ebene? Untersucht werden die [...] Vorstellungen, die bei derartigen Prozessen und Konflikten eine Rolle spielen. [...] Die Fragen sind komplex. Deshalb arbeitet das Forschungszentrum Y interdisziplinär, von der Philosophie, den Geschichtswissenschaften, der Politikwissenschaft und der Rechtswissenschaft über die Ethnologie und die Ökonomie bis zur Soziologie und Theologie.«

Sie sehen, hier ist einiges austauschbar, und vermutlich nicht nur in der Selbstbeschreibung, sondern sogar dann, wenn man genauer betrachtet, was die Beteiligten tatsächlich erforschen und diskutieren. Die Auflösung des Ratespiels lässt sich mit etwas Recherche im Netz finden. Zur Vereinfachung wäre allerdings zu überlegen, ob man nicht einen Gesamt-Exzellenzcluster für alle einrichten sollte, etwa mit dem Titel: »Ordnung im Umbruch. Sozial- und geisteswissenschaftliche Antworten auf die Krisen der Gegenwart«. Mögliche Webseitentexte habe ich eben vorgelesen.

Einen dritten Punkt möchte ich wieder etwas systematischer ansprechen: den metrisierten Publikationswettbewerb. Wissenschaftler*innen wollen publizieren und auch zitiert werden. Das ist sinnvoll und legitim. Aber die Zitationen werden gezählt, Autor*innen erhalten einen Zitationsindex und Zeitschriften einen Impact-Faktor, und alles das ist sehr wichtig für Bewerbungen, Projektanträge und die Bewertung von Einrichtungen. Deshalb haben sich bestimmte Erfolgsstrategien ausgebildet. Man kalkuliert ein, dass man Texte mehrfach einreichen muss, und beginnt mit der angesehensten Zeitschrift, die eine entsprechend hohe Ablehnungsquote hat. Wird man selbst abgelehnt, ist das zwar frustrierend, aber man muss es dann eine Etage tiefer versuchen, im

Zweifelsfall sogar wiederholt. Um Erfolgschancen und Reichweite zu erhöhen und seine Publikationsliste zu verlängern, verteilt man Forschungsergebnisse zudem auf möglichst viele Texte, die sich nur inkrementell unterscheiden. Schließlich passen sich viele vorgreifend den Erwartungen der Reviewer an. Das gilt sowohl für mutmaßlich erwartete Originalität – eher ein Problem in den Naturwissenschaften, in denen die Experimente eindeutige, positive und neuartige Ergebnisse erbracht haben sollten – als auch für Konformität – eher ein Problem unserer Disziplin. Der Beitrag darf nicht *zu* neu sein, die Gutachtenden dürfen nicht überrascht oder frontal kritisiert werden. In den Geistes- und Sozialwissenschaften nehmen Innovation und wechselseitige Kritik hierdurch vermutlich einigen Schaden.

Erfolgsstrategien gibt es auch bei den Zeitschriften, und auch hier sind die Effekte mindestens ambivalent. Schon ein flüchtiger Blick zeigt monopolistische und oligopolistische Einkunftsstrukturen. Um überhaupt gezählt zu werden, müssen sich die Zeitschriften ins kommerziell betriebene *Web of Science* einkaufen, sozusagen die erste monopolbildende Maßnahme im Feld. Sie bringen aber vor allem selbst Geld ein, früher durch Subskriptions- jetzt vermehrt durch Publikationsgebühren. Die Verlage vergrößern dabei ständig ihre Portfolios und haben ihr Eigentum an führenden Zeitschriften lange eingesetzt, um möglichst große Pakete möglichst teuer zu verkaufen. Heute nehmen die drei global dominanten Verlage, die in Deutschland an den auf Kostensenkung ausgerichteten DEAL-Verträgen beteiligt sind, bequeme 2.200 bis 3.150 Euro Publish-and-Read-Gebühren pro Artikel ein, bei einigen Zeitschriften auch über 6.000 Euro. Ich habe von Fällen gehört, in denen Verlagsmanager*innen schlicht dafür die Artikelzahl in Zeitschriften hochtreiben. Natürlich müssen positionale Güter wie ein Zeitschriftenname auch knapp bleiben, aber selbst die Journals der kostbaren Nature-Marke scheinen sich stetig zu vermehren. Zugrunde liegt diesen Gewinnstrategien Arbeit, die die Verlage kostenlos aus der Wissenschaft beziehen: Forschung, das Abfassen und die Begutachtung von Artikeln, ergänzt durch Hilfsbeschäftigte in Niedriglohnsegmenten und -ländern – ein Publikationsprozess kann durch die gesamte globale Wertschöpfungskette führen. Das Grundmuster besteht nach wie vor darin, mehrfach öffentliche Mittel abzuschöpfen und wenig Eigenleistung hinzuzugeben. Zeitlich erstreckt es sich von der sogenannten Zeitschriftenkrise in den Bibliotheken bis zu dem Punkt, an dem die großen Verlage von Forschungsdaten über Preprints bis zu Metadaten den gesamten *lifecycle* der Forschung unter ihre Kontrolle zu bringen versuchen. Häuser wie Elsevier nennen sich auch gar nicht mehr Verlag, sondern Informationsunternehmen. Man hat problematisiert, was das eigentlich für die Informationsfreiheit von Wissenschaftler*innen bedeutet – und die Antworten sind nicht ganz einfach. Die wachsenden Möglichkeiten, Teile des Publikationsprozesses KI-vermittelt zu automatisieren, werden zusätzlich schwierige Qualitätsfragen aufwerfen.

Die bisherigen Resultate des Prestige-Publikationssystems für die Wissenschaft sind dagegen recht simpel zu fassen: eine extreme Marktkonzentration mit entsprechend anspruchsvoller Preis- und summarischer Programmgestaltung, die anhaltende Replikationskrise in den Naturwissenschaften und wohl auch eine Innovationskrise in Geistes- und Sozialwissenschaften. Über die Disziplinen hinweg gibt es inzwischen sogar quantifizierende Versuche, eine abnehmende Innovationsfrequenz zu belegen – gestützt auf Zitationsanalysen.

Äußere Gefährdungen

Das war jetzt der Schnellritt durch die inneren Gefährdungen, so rasch auch, weil in der aktuellen Lage die äußeren Gefährdungen mindestens ebenso dringlich sind. Ich spreche vielleicht nicht für alle in der Soziologie, aber doch für sehr viele, wenn ich dazu bei bestimmten politischen Grundüberzeugungen ansetze, die für das, was wir erforschen, sagen und publizieren, unverkennbar wichtig sind. In großen Teilen der Soziologie ist wichtig, die Ungleichverteilung von Ressourcen und Chancen zu kritisieren. Auch der starke Affekt gegen Dinge, die im Wissenschaftssystem nicht in Ordnung sind, könnte dadurch bedingt sein. In jedem Fall haben über Wohlstandsfragen hinaus verschiedene Ungleichheitsthemen anhaltend Konjunktur. Dazu zählt erstens eine Kritik geschlechtlicher Ungleichheit und naturalisierter Heterosexualität, die in der Geschlechterforschung große Erträge erbracht hat; ich bemerke gerade in einem Seminar zur Psychoanalyse, wie viel wir in den letzten Jahrzehnten dazugelernt haben. Zweitens ist die Kritik des kolonialistischen Erbes, eurozentrischer Sichtweisen, rassistischer Diskriminierung und Benachteiligung zu nennen. Drittens werden auch die Zerstörungseffekte wissenschaftlich-technischer Naturbeherrschung vermehrt diskutiert, wobei die Sozialwissenschaften mit anderen Wissenschaften zusammenarbeiten. Alle diese Impulse teile ich, wenngleich ich nicht in allen diesen Feldern forsche. Ich glaube aber, dass wir ein gewisses Problem mit unserem

Publikum haben: Wen adressiert diese scharfe und (bereits abseits des Themas Kapitalismus) umfassende Gesellschaftskritik eigentlich?

Ich nehme an, sie adressiert primär andere Soziologinnen und Soziologen, gegebenenfalls auch andere Sozial- und Geisteswissenschaften, aber es ist schon ein relativ kleiner Zirkel, der alles das lesen soll und lesen will. Ein wenig geht der Appell darüber hinaus, weil auch das gebildete Publikum älterer Qualitätsmedien angesprochen wird. Immer wenn Erfolgsbücher geschrieben werden, sind auch diese Leute im Boot. Außerdem werden immer mehr akademisch ausgebildete Aktivist*innen adressiert, bevorzugt in den sozialen Medien. Sehr lange war es der Traum jedes Sonderforschungsbereichs, auch auf Twitter präsent zu sein und ganz viele Follower zu bekommen. Das geht jetzt so einfach nicht mehr, aber die Tendenz ist geblieben. Schließlich sprechen wir auch sehr stark akademische und staatliche Institutionen an, die sich progressiv umgestalten lassen. Wir haben Leitfäden für gendergerechte Sprache. Wir haben Gleichstellungsmaßnahmen. Wir haben zumindest Ansätze von so etwas wie *affirmative action* in Deutschland. In den USA hatte man noch deutlich mehr von alledem, bevor es so radikal und brutal zurückgefahren wurde. Es gibt oder gab mit anderen Worten Erfolge und breit genutzte Erfolgsmöglichkeiten in den fraglichen Institutionen. Und nun gibt es einen unerwarteten Backlash, weil außerhalb dieses irgendwie sicheren und sauberen Umfelds auch andere Leute hören, was wir sagen. Die wenigsten von uns haben vermutlich erwartet, dass wir tatsächlich außerhalb aufgeklärter Kreise gehört werden. Erst recht haben wir nicht erwartet, dass wachsende rechte Bewegungen und überhaupt große unzufriedene Gruppen ablehnen, was wir an Kritik äußern, oder Beifall klatschen, wenn Politikanbieter es diskreditieren. Es gibt ein enormes Skandalisierungspotenzial auf der rechten Seite, mit dem wir wahrscheinlich so nicht gerechnet hatten, als wir das alles angeleiert haben.

Im fraglichen Backlash spielt Anti-Elitismus oder Anti-Intellektualismus eine wichtige Rolle. Er richtet sich nicht nur gegen alles, was ich eben genannt habe, sondern bedroht auch wissenschaftliche Wahrheit als solche. Wahrheit als solche und Wissenschaft als solche, das geht immer ineinander über und betrifft auch Übergangsfelder. Sehr oft sind es besonders die Expert*innen, die im Rechtspopulismus und bei den Massen, die sich von ihm ansprechen lassen, Unmut erregen. Das entsprechende Problem für die Wahrheit hat meine Kollegin Silke van Dyk in Jena einmal auf den Punkt gebracht, dass »die Bezichtigung der Lüge kein Problem [mehr] für den Lügner ist, sondern Ausweis der elitären Position der Kritikerin« (van Dyk 2017: 353).

Das macht die Lage sehr schwierig, wenn Donald Trump, Alice Weidel oder wer auch immer Unsinn reden und wir sagen, dass es Unsinn ist. Sobald wir dabei als typische Vertreter*innen der Wissenschaft, der Medien und so fort erscheinen, prallt die Kritik nicht nur ab, sondern es kommt erschwerend hinzu, dass wir immer so elitär belehrend daherreden und dafür Hass auf uns ziehen. Was sind die Hintergründe dieser Lage, die ja auch etwas Befremdliches hat?

Ich nenne hier ein paar Motive, ohne sie wirklich diskutieren zu können. Wichtig war sehr lange, wie etwa Silke van Dyk meint, eine Abwehr neoliberaler Alternativlosigkeit, weil die Expert*innen eben nicht nur verschiedene Arten von Gleichstellung, sondern auch immer mehr Markt und Wettbewerb empfohlen haben, und vieles andere mehr, was sich mittelfristig als schädlich herausstellt – bis hin zum Kostenabbau bei der Deutschen Bahn. Eine zweite, ganz andere Motivation ist die Verleugnung drängender Probleme, sehr deutlich etwa beim Klimawandel. Neben anderen hat das Nils Kumkar in seinem Buch über »Alternative Fakten« (2021) ausgeführt: Wenn man Wahrheit relativieren kann, muss man sich mit bestimmten Problemen einfach nicht auseinandersetzen, weil sie dann eben gar nicht als real anerkannt werden müssen. Allgemeiner ist die Verschärfung eines generellen Machtzynismus in der Politik zu beobachten: Wer sich durchsetzen kann, braucht keine Argumente, und wer sich besonders skrupellos durchsetzt, bekommt Massenzustimmung. Wenn man die Gegenwart mit Lacan und Žižek analysieren will, kann man einen Diskurs des Herren und einen Diskurs der Universität unterscheiden. Der Diskurs des Herren sagt: Die Wirklichkeit und die soziale Ordnung sind so, wie sie sind, weil jemand mit Autorität das einfach festlegt. Der Diskurs der Universität sagt: Es ist so, wie es ist, weil Expert*innen empfohlen haben, es so zu verstehen und so damit umzugehen. Und man sieht sofort, dass in der jüngsten Vergangenheit das Pendel wieder vom zweiten zum ersten Diskurs schlägt. Das passt als Beschreibung sehr gut, ist aber natürlich noch keine Erklärung, Beide Stränge, Expertenabwehr und Machtzynismus, sind allerdings wohl gleichermaßen durch den Verrat oder das Verblassen der Sozialdemokratie in den späten 1990er und frühen 2000er Jahren bedingt, also durch das, was unter Schröder, Blair und Clinton angerichtet wurde. Die Bevölkerungsschichten, die man danach nicht mehr glaubhaft in ihren Interessen ansprechen konnte, lassen sich nun gegen die Eliten mobilisieren, die ihre schön formulierten Versprechen doch niemals halten. Wie viel dieser Ansatz erklärt, kann hier offenbleiben.

Ich würde aber gern noch vertiefen, wie wir als kritische Soziolog*innen – wenn ich dieses Wir weiterhin so verwenden darf – in den geschilderten Spannungsverhältnissen stehen. Wer sind wir in diesem Kontext, und vor allem: Wie werden wir wahrgenommen? Meine Vermutung ist, dass wir als Teil einer progressiven Expertokratie gelten. Bekannte und umstrittene Formulierungen in dieser Richtung finden sich in Nancy Frasers Text zum ›progressiven Neoliberalismus‹, der die Wahl Trumps 2016 erklären sollte. Die Schuld wird hier einer Verirrung der linksliberalen beziehungsweise ›liberalen Politik‹ gegeben: »Identifying ›progress‹ with meritocracy instead of equality, it equated ›emancipation‹ with the rise of a small elite of ›talented‹ women, minorities, and gays in the winner-takes-all corporate hierarchy« (Fraser 2017: 3). Die andere Seite des Problems besteht in der Abwertung der weniger Erfolgreichen: »[For] those left behind in this brave new cosmopolitan world [...], the injury of deindustrialization was compounded by the insult of progressive moralism, which routinely cast them as culturally backward.« (Ebd.: 3 f.) Wenn Sie etwa an den Begriff ›Modernisierungsverlierer‹ denken, sehen Sie, dass diese Wertung tatsächlich in unsere Analyseraster eingegangen ist. Das muss die Erklärung nicht falsch machen; Fraser hat ja selbst Gruppen im Blick, denen es in der Industrieära besser ging. Ist das Ganze also ein Aufstand alter, weißer Männer? Auch so wurde das Problem in der Zeit der ersten rechtspopulistischen Wahlsiege formuliert: »Older white men with traditional values [...] have seen their predominance and privilege eroded. The silent revolution of the 1970s appears to have spawned an angry and resentful counter-revolutionary backlash today.« (Inglehart, Norris 2016: 4 f.) Inglehart und Norris hatten ergänzt, dass die fraglichen Gruppen langfristig aussterben und die Jüngeren dann kulturell wieder progressiv wählen würden – allerdings erst nach einer mittelfristig zu erwartenden vertieften Spaltung (ebd.: 5 und 31). Auch diese letzte Prognose war wohl zu harmlos; die neue Rechte ist bei jüngeren Wähler*innen erfolgreich. Insgesamt kann man die Lage vermutlich besser erklären, wenn man fragt, gegen wen sich die Ressentiments richten. Die wahrscheinlichste Kandidatin ist hier die schon erwähnte, entstehende Transformationsexpertokratie, die vor ihren momentanen Problemen ziemlich erfolgreich war – und zu der wir selbst gehört haben oder gehört hätten. Die Aussichten waren hier offener, als es die Rückbezüge auf die kulturelle Revolution der 1970er oder den progressiven Neoliberalismus der 1990er Jahre nahelegen. Die herrschenden Klassen hatten sich nach 2008 schrittweise auf eine ökologische und sogar sozial-ökologische Transformation eingestellt, mit allem, was man daran kritisieren kann, was unzureichend oder brüchig war. In diesem postneoliberalen Umbau sind oder wären vielfältige, auf Fairness trainierte Expert*innen zum Gesicht des herrschenden Staats- und Konzernblocks geworden. Wäre dieses Projekt erfolgreich gewesen, hätten wir weiterhin (oder mehr als momentan) Hochglanzfotos von Leuten verschiedener Geschlechter, sexueller Orientierung, Herkünfte und Klassenherkünfte vor Augen, die als aufgeklärte Eliten einen sanften Umbau vertreten und vorantreiben. So ist es aber nicht gekommen, da der Backlash in weiten Teilen der Welt zumindest vorübergehend gewonnen hat.

Was können wir tun?

Deshalb ist meine letzte Frage: Was machen wir nun, in unserem mitattackierten Bereich? Ich habe dazu, wie gesagt, nur unfertige Ideen. Die erste ist, dass wir darauf achten sollten, nicht verzichtbar oder disponibel zu werden. Das gilt auf ganz verschiedenen Ebenen. Die Lehre aus den ersten Monaten Trump II und aus dem letzten Jahr Stark-Watzinger war, dass sich Fördergeldvergabe politisch instrumentalisieren lässt. Das ist ein Hebel, den man sehr einfach nutzen kann, wenn man an der Regierung ist. Deshalb ist zu fragen, ob wir uns weiter so umfänglich von Fördergeldvergabe abhängig machen wollen. Allerdings können sich auch ganz andere Konstellationen als fatal erweisen. Momentan stehen viele britische Unis (bedingt durch ein falsch angelegtes Studiengebührensystem) unter großem Finanzdruck. Aber schon vor der wirklichen Krise hat man Spargumente genutzt, um massiv Personal zu entlassen und kritische Forschungsrichtungen loszuwerden; in den Critical Management Studies in Leicester hat es besonders viele getroffen, inklusive Professor*innen. In Deutschland besteht das größere Problem nach wie vor darin, dass nur Professor*innen volle Wissenschaftsfreiheit genießen und dass die Lehrstühle oder Professuren mit ›Ausstattung‹ ein Feudalsystem fortsetzen. Das erlaubt vielerorts eine Bevormundung der Mitarbeitenden und hält sie in völlig ungesicherten Jobpositionen. Wenn die gefährdete Wissenschaft widerstandfähig werden soll, bräuchte sie Maßnahmen gegen all dies. Sie bräuchte eine Rückführung von Projektfinanzierung in Grundfinanzierung, für die es wie oben gesehen auch andere gute Gründe gibt. Sie bräuchte Departmentstrukturen mit Dauerstellen für das promovierte wissenschaftliche Personal, das entsprechend nicht mehr als Ausstattung einer Professur zugeordnet sein dürfte. Dann hätten wir zumindest sichere Stellen für unabhängig denkende Leute. Und wir sollten vorsichtig sein mit einer finanziellen Teilautonomisierung von Hochschulen, selbst wenn diese die Unabhängigkeit gegenüber der Landespolitik leicht erhöht. Das Land sitzt ohnehin am längeren Erpressungshebel, wenn die Universität in Finanznot gerät, etwa weil sie sich mit neuen Gebäuden verkalkuliert hat.

Neben alledem glaube ich, dass es tatsächlich ein Problem mit der Politisierung von Wissenschaft gibt. Es besteht nur vielleicht eher darin, die Politisierung, die in unserem Fach stattgefunden hat oder eigentlich immer präsent ist, noch einmal anders zu begreifen. Der Vorwurf lautet, dass wir zunehmend Bekenntnisse statt Analysen hervorbringen. So sieht es am konservativen oder rechten Rand des politischen Spektrums etwa das Netzwerk Wissenschaftsfreiheit, das mit Begriffen wie Genderismus, Gendersprache und Sprachpolizei operiert oder behauptet, der Postkolonialismus sei inzwischen zum universitären Leitbild geworden. Im Extremfall wird uns vorgeworfen, dass wir eine »Identitätslinke Läuterungsagenda« verfolgen (Kostner 2019) und Teil eines Bußrituals sind, in dem der privilegierte Teil der Menschheit immer wieder seine Privilegien bekennt, die zugrundeliegenden Verbrechen freilegt, sich dafür entschuldigt und Entschädigungsmaßnahmen trifft. Das ist selbstverständlich eine karikaturhafte Verkürzung von Vorwürfen, die ich auch in ihrer Langform für überwiegend falsch halte – aber sie treffen erkennbar einen Teil dessen, was wir tun, und wir sollten uns mit ihnen auseinandersetzen. In einer möglichen Gegenstrategie könnte man etwa anschließend an Weber erklären, dass wir vorrangig Gegebenheiten und Funktionszusammenhänge analysieren, uns aber auf Stellen konzentrieren, an denen es politisch wehtut. Weber beschränkt sich ritterlich auf den Grundsatz, man müsse dies der eigenen Seite zumuten. Eine solche radikale Ehrlichkeit ist sicher sinnvoll, aber es geht doch auch darum, zu analysieren, was der *Gegner* politisch nicht gut verarbeiten kann und nicht sehen will. Zusätzlich schadet es der Wissenschaftlichkeit nicht, wenn man reflektiert oder offenlegt, was einen selbst politisch antreibt; ganz ohne politische Motive würden wir Geschlechterungleichheit, Reproduktionsarbeit und so weiter wohl nicht untersuchen. Zugleich kann und muss man benennen, was die Gegenseite politisch voraussetzt und was sie politisch bewirkt. In der Auseinandersetzung mit den Wirtschaftswissenschaften wurden die Verbindungen der Neoklassik (und der Österreichischen Schule) zum Neoliberalismus etwa gut herausgearbeitet. Und es geht darum herauszustellen, was trotz dieser gegensätzlichen Motive alle als Befund und Erklärung anerkennen müssen.

Insgesamt sehe ich die wichtigsten Fronten also in der wissenschaftlichen Arbeit selbst, schon weil wir eben die Mittel und die Aufgabe haben, fundiert zu zeigen, wie es ist. Die Pointe wäre aber, dass wir zugleich mit den Angriffen von außen rechnen und aktiv umgehen sollten, statt nur ›innen‹, in unserem institutionellen Nahbereich auf politische Zustimmung hinzuarbeiten oder sie stillschweigend vorauszusetzen. Wir sollten uns also nicht in unseren noch verbleibenden Nischen einrichten und kultivieren, was wir dort an scheinbar sicherer Übereinstimmung haben, sondern offensiv nach außen gehen und uns in politischen Streit einmischen, wo wir bestimmte Sachverhalte klarer sehen können als andere. So agieren natürlich schon viele, aber ich glaube, man könnte es in der umrissenen Weise noch ausdrücklicher tun. Klar ist allerdings auch, dass eine solche Strategie in der staatsabhängigen Wettbewerbswissenschaft mit ihren volatilen Strukturen riskant ist, einige in ihrer beruflichen Existenz und andere zumindest in der längerfristigen Forschungsplanung gefährdet. So instabil ein Zustand ist, in dem jeder neue Forschungsverbund die Ziele der Beteiligten neu zu erfinden oder zu inszenieren verlangt, politische Bündnisse sind noch volatiler. Mit dieser Unsicherheit müssen wir aber wohl rechnen, wenn wir weiter eine Wissenschaft verfolgen wollen, in die politische Auseinandersetzungen eingeschrieben sind.

Literatur

Fraser, Nancy 2017: The End of Progressive Neoliberalism. Dissent Magazine, January 2, 2017, https://dissentmagazine.org/online_articles, letzter Aufruf 12. November 2025.

Inglehart, Ronald F. / Norris, Pippa 2016: Trump, Brexit, and the Rise of Populism: Economic Have-Nots and Cultural Backlash. HKS Faculty Research Working Paper Series RWP16-026, https://ssrn.com/abstract=2818659, letzter Aufruf 12. November 2025.

Kostner, Sandra (Hg.) 2019: Identitätslinke Läuterungsagenda. Eine Debatte zu ihren Folgen für Migrationsgesellschaften. Stuttgart: Klett Cotta.

Kumkar, Nils C. 2022: Alternative Fakten. Zur Praxis der kommunikativen Erkenntnisverweigerung, Berlin: Suhrkamp.

Palumbo, Antonino / Scott, Alan 2018: Remaking Market Society. A Critique of Social Theory and Political Economy in Neoliberal Times. New York: Routledge.

van Dyk, Silke 2017: Krise der Faktizität? Über Wahrheit und Lüge in der Politik und die Aufgabe der Politik. Prokla 188, 47. Jg., Heft 3, 347–367.

Soziologie, 55. Jg., Heft 1, 2026, S. 27–42

Autorität und Distanz

Soziologische Aufklärung der Gesellschaft zwischen Dekompensation und Differenzierung

Joachim Renn

> »Science, which has acquired a considerable degree of autonomy and has evolved an institutional complex that engages the allegiance of scientists, now has both its traditional autonomy and its rules of the game – its ethos in short – challenged by an external authority.« (Merton 1973: 259)

1. Vom Nachteil des Nutzens der Wissenschaft

Merton kommentierte mit der obenstehenden Bemerkung das Schicksal der Wissenschaften in einer zum Autoritären driftenden politischen Umwelt. Das könnte heute wieder relevant sein (Özmen 2021), wenn auch, natürlich, unter anderen Umständen, und vielleicht anders als die Alarmierung durch den politischen Autoritarismus vermuten lässt (Levitsky, Way 2025; Forst, Tockner 2025). Die Soziologie zum Beispiel trägt selbst zu ihrer epistemischen Dekompensation bei: Dass grau alle Theorie, golden nur des Lebens Baum sei, das hätte Faust sich zweimal überlegt, hätte er geahnt, in welchem Ausmaß manche Wissenschaft sich im Namen einer verschämt reklamierten Nützlichkeit selbst aufgeben würde. Das betrifft derzeit durchaus vor allem die (deutschsprachige) Soziologie. Die Scham ist begründet, suggeriert doch diese Berufung auf Nutzen eine Verwendbarkeit, die solche Wissenschaft gar nicht hat, was sie aber wohlweislich verbirgt, indem sie der gesellschaftlichen Fehldeutung ihrer Funktion tunlichst nicht widerspricht. So ist dann eine nützliche Soziologie moderat populär, aber weniger grün im Sinne von fruchtbringend, als der Zweig es wäre, auf den zu kommen, eine zu

Tode organisierte Wissenschaft gar nicht mehr versucht. Das Wissen blüht nicht, wenn die Erkenntnisse, übersetzt in Fakten, dermaßen Tauschmittel geworden sind, dass die Probe auf Wertschöpfungsvalenz schließlich wissenschafts-*intern* gegenstandskonstitutiv wird, wenn also die Warenform die Paradigmata kolonialisiert.

Von wo aus aber, soll man die Transformation der epistemischen Autorität autonomer Wissenschaft in Richtung heteronom bestimmter Faktenproduktion eigentlich beklagen? Metapolitisch formuliert, das heißt in fachpolitischer Reaktion auf einen gewissen Politisierungsdruck, bietet es sich an, hier zu sagen: von einem tradierten, diese Tradierung aber transzendierenden Selbstverständnis ausdifferenzierter Wissenschaft aus. Wissenschaft bildet sich, selbst für so nüchterne Autoren wie M. Rainer Lepsius und Robert Merton, als institutionelle Sphäre durch die *Unterbrechung* der Direkt-Interdependenz von anderen gesellschaftlichen Imperativen, Problemauffassungen und Normen (Lepsius 1990: 44 ff.; Merton 1973: 267 ff.). Die beiden Sympathisanten Webers bestanden noch darauf, diese Entkopplung an motivationalen und ethischen Orientierungen von personifizierten Trägergruppen zu befestigen (etwa an Mertons Puritanern). Entscheidend für die Autorität der Wissenschaft ist gleichwohl die epistemische Interdependenzunterbrechung, die eine besondere Kommunikationsweise freisetzt. Sie ist in epistemischer Hinsicht etwas Besonderes darin und dadurch, dass sie einer regulativen Idee mit kontextüberschreitendem Geltungsanspruch eine faktische institutionelle Heimstätte verschafft (Wilson 2018; Habermas 1999: 245). Es ist die Idee *zweckfreier* Sachlichkeit. Durch *soziale Differenzierung* konstituiert sich Wissenschaft als *rücksichtslose* epistemische Sphäre. Und diese Rücksichtslosigkeit pflegt sie primär gegenüber dem unmittelbaren praktischen Nutzen des Wissens.[1] Denn das partikulare Interesse und die praktische Problemlösung operieren – bei aller (indirekten!) performativen Ein-

1 Was gerade dann nicht die (aber welche?) Verankerung der wissenschaftlichen Kommunikation und Praxis in der außerwissenschaftlichen Gesellschaft bestreitet, wenn man diese Einbettung vermittels einer pragmatistischen Lesart der Performativität von Wissenschaft (frei nach Ch. S. Peirce, wie bei Habermas 1999) unterscheidet von einem schlichten Reduktionismus, der Geltung und (vom Nutzen diktierte) soziale Akzeptanz von Wissen konfundiert (denn das ist mit der Verankerung eines Paradigmas in der Praxis eben nicht gemeint). Kuhn (1978: 75 ff.) dachte im Gegenteil die Abhängigkeit der wissenschaftlichen Erkenntnis von jeweils für eine Epoche spezifischen Erklärungsroutinen mit der durch sachliche Referenz der Theorie gewährleisteten Steigerung der theoretischen Leistungsfähigkeit zusammen.

bettung der Wissenschaft – auf der *anderen* Seite einer konstitutiven Unterscheidung zwischen kommunikativen Formen der Sinnselektion (Luhmann 1992: 284 ff.; vgl. auch Renn 1999). Wahrheit ist das symbolisch generalisierte Kommunikationsmedium, ohne dessen, durch Entkoppelung erreichte, Alleinherrschaft in spezialisierter Arena eine ausdifferenzierte Wissenschaft »der Gesellschaft« nicht existiert (Luhmann 1992: 171 ff.). Diese Distanz gegenüber dem (gesellschaftlichen?) Nutzen bedeutet nun aber gar nicht, Wissenschaftskommunikation alteuropäisch auf die handlungsentlastete Kontemplation angeblich kontextfreier, zeitloser und essentialistisch verstandener Wahrheiten festzunageln. Sondern im Gegenteil unterstreicht die Autorität durch Distanz die Emergenz einer Rationalität, die ihre Bindung an institutionelle Antezedenzien zwar nicht sozial, aber doch epistemisch überwindet. Daran zu erinnern, impliziert nur die Bereinigung von Konfusionen, ohne die eine spezifisch wissenschaftliche Kommunikation im Gravitationsfeld der für sie konstitutiven Art von Geltungsansprüchen dem soziologischen Betrachten wie eine beliebige sozial etablierte Rechthaberei neben anderen erscheint (so zum Beispiel leider Bloor 1991).[2] Unter den entsprechenden institutionellen Voraussetzungen ist der »Wille zum Wissen« eben *nicht* in »Wahrheit« der Wille zur Macht.[3] Sondern eine sozial als Wissen camouflierte Hegemonie der Weltauslegung ist im Horizont entsprechender Differenzierung die Korruptionsform wissenschaftlicher Kommunikation. Wer an Stelle solcher Zuordnungen lieber auf den ausgewaschenen Spuren Nietzsches einem unausgegorenen soziologischen Konstruktivismus (der sich selbst nicht versteht) zuneigt, für den und für die sind die

2 Die »Symmetrie«-Doktrin, der zufolge die soziale Bindung von falschen Überzeugungen und diejenige von wahren Überzeugungen von gleicher Art seien, zieht oberflächliche Schlüsse aus der wissenschaftstheoretischen Dekonstruktion der Differenz zwischen Entstehungs- und Rechtfertigungszusammenhang (Kuhn 1962). Sie identifiziert irrigerweise die kontextuellen, empirisch kontingenten Bedingungen der Überzeugungskraft von immer hypothetischen Behauptungen (Meinung) mit dem (kontexttranszendierenden) Sinn der Art von Geltung, an dem die faktischen Verfahren der Falsifikation (soziologisch: die »Praktiken« der Validierung) auch sozial und intentional orientiert werden (Wissen). Das kann man wissen, ohne dafür eine Metaphysik apodiktischer mathematischer Folgerichtigkeit von den Toten zu erwecken (wie Bricmont und Sokal 1998), und auch ohne eine metaphysische Festlegung der Wissenschaft auf kumulative Wahrheitsannäherung und einheitswissenschaftliche Konvergenz, wie es die empiristische Soziologie (in und außerhalb von Akademien) immer noch vertritt, so Albert (2020, besonders 12 ff.).

3 An der offenkundig destruktiven Zirkularität dieser »Ideologiekritik« ändert sich, trotz irreversibler kultischer Verehrung M. Foucaults, auch nichts, wenn man die »Kritik« »genealogisch« anlegt (siehe zur Vorgeschichte der genealogischen Kritik bei F. Bacon [!] jetzt Thein 2025: 70 ff.).

Niveaudifferenzen zwischen dem Aberglauben der Querdenker und den Überzeugungen von Wissenschaftlerinnen nur noch *soziale* Positionsunterschiede. Das sind sie (womöglich) *auch*, aber wenn eine Wissenschaft sich selbst reduktionistisch versteht als nichts weiter als eine unter vielen sozialen Konkurrentinnen um epistemische Hegemonie, dann verschafft sie selbst einer *falschen* Auffassung von Wissenschaft als Weltanschauung die empirische Bestätigung. Auf solche Gedanken käme die Biologie eher nicht, die Soziologie aber ist immer auch *soziale* Veranstaltung *gesellschaftlicher* Aufklärung. Und darum wird sie, dann, wenn Aufklärung sich demontiert (was wir heute beobachten), ausgesprochen anfällig. Anfällig wird sie für die fatale Zirkularität einer ideologischen Vorstellung, die sich performativ durch Unterwerfung der Sache, die sie nur zu beschreiben vorgibt, deskriptive Adäquation verschafft (so lautete bekanntermaßen der Positivismus-Vorwurf der Kritischen Theorie an die traditionale Sozialwissenschaft). Schon an diesem inversen »Münchhausentrick« (H. Albert), an der technischen Erzeugung der Korrespondenz falscher Aussagen mit falschen Tatsachen (Adorno 1972: 125 ff.), zeigt sich bereits, dass der wissenschaftskonstitutive Rekurs auf Wahrheit mit diesem Prädikat nicht einfach Übereinstimmung von hypothetisch gesetzten Sätzen mit objektiven Sachverhalten meinen kann, denn die Einschränkung der Soziologie auf nur diese Geltungsart wäre Teil positivistischer Ideologie, die das Unvernünftige am Faktischen (beziehungsweise am Format des Dinghaften), wie auch die Irrationalität einer auf Nutzen reduzierten Soziologie, nicht mehr sieht.[4]

4 Auf die wahrheitstheoretischen Detailfragen kann ich hier nicht eingehen, nur sträflich kurz verweisen auf einen internen Realismus, der die prinzipielle Kontingenz der artikulatorischen Mittel deskriptiver Referenz einrechnet (Putnam 1991; siehe dazu: Müller 2001). Die Wahrheitsaspiration bleibt hierbei regulative Orientierung (das heißt, sie gesteht die notwendige Unmöglichkeit der finalen Einlösbarkeit des Anspruchs ein), sodass sich die Geltung des vorläufig Gültigen empirisch zur rationalen Akzeptabilität vermindert (Dummett 1982), was die Kontextrelativität wissenschaftlicher als empirischer Kommunikation konzediert. Dass genau diese Unterscheidung eine Unterscheidung ist, die einen Unterschied macht gegenüber dem soziologisch verbreiteten Konstruktivismus, dafür wirbt Renn (2021).

2. Lagerungen: autoritäre Intervention, nicht nur von außen

Die Kopplung von Wissenschaft als spezialisierte soziale Sinnbewirtschaftung mit der kommunikativen Primärorientierung an *Wahrheit* (als einem ausgesprochen *mehrdeutigen* Prädikat) ist zweifellos Frucht einer kontingenten historischen Genesis. Diese Genesis kann wissenschaftssoziologisch rekonstruiert werden (wie bei Merton 1973 und, mit Akzent auf der Universität, Stichweh 2013, besonders 169 ff.). Die Reduktion der Geltung wissenschaftlichen Wissens auf die Reichweite und auf die *pragmatische Attitüde der Praktiken*, die diese Genesis anstoßen, ist indessen so inadäquat wie schädlich. Denn sie verwechselt den *Sinn* von Wahrheitsansprüchen im Sinne einer rationalen Akzeptierbarkeit aufgrund von sachlicher Rechtfertigung (Dummett 1982) mit dem *sozialen* Anspruch auf epistemische Autorität durch gesellschaftliche Deutungshoheit. Es ist aber eben diese Verwechslung eines regulativen mit einem konstitutiven Status der *Zuschreibung* von Geltung,[5] die unglücklicherweise in den rezenten Ansätzen einer Soziologie der Soziologie den Diskurs regiert. Die soziologistische Reduktion sachlicher Geltungsansprüche auf (»in Wahrheit«!) soziale Durchsetzung, Anerkennung oder Hegemonie hatte sich ehedem im Falle der *Religion* bei Durkheim, Weber und Parsons ausgezahlt, weil sie bei diesen Anwendungsfällen traditionale Orthodoxien entzaubern half, und damit die Ausdifferenzierung der Wissenschaft (beziehungsweise der damals jungen Soziologie) als unabhängige epistemische Sphäre ratifizierte. In selbstreferentieller Richtung führte das irreführend gebrauchte Werturteilsfreiheits-Postulat indessen in Grauzonen destruktiver, geltungstheoretischer Indifferenz. In diesen Grauzonen lässt das Fach beispielhaft Thomas Luckmann mit einem ungeklärten, selbstreferentiellen Begriff sozialer Konstruktion davonkommen, für den man systematisch und wissenschaftstheoretisch gesehen einigen Humor braucht (den Luckmann zweifellos hatte).[6] Bei (durchaus unabweisbarer) Selbstanwendung des soziologischen Verdachts auf Konstruktion der Wahrheit(-en) wird die Soziologie nun einmal notwendig selbst zur verdächtigenden Verdächtigen, und

5 Die Verwechslung der sozialen Kontingenz des je faktisch für wahr gehaltenen Wissens mit der epistemischen Relativität des *Sinns* von Wahrheit überhaupt.

6 Die Unterscheidung zwischen Konstruktion und Konstitution, auf die Luckmann sich stets unter Berufung auf die Unterscheidung zwischen philosophischer Grundlegung mit Schütz und empirischer Konstruktions-Beobachtung herausredete, adressiert überhaupt nicht die konstruktivistische Selbstbezüglichkeit, sondern stellt unvermittelt einen anthropologischen Essentialismus neben einen halbierten (auf Beobachtung erster Ordnung restringierten) Fallibilismus.

es werden ihre Deutungen in der Konsequenz zu einer Weltanschauung unter anderen. Und eben diese von Karl Mannheim schon 1929 verbrochene Idee *geschlossener* Selbstreferenz der reflexiven Entlarvung von immer partikularer Weltanschauung[7] ist selbst Teil des Faktorenbündels, das die Soziologie heute unter dem sich ausbreitenden *gesellschaftlichen* Autoritätsverlust wissenschaftlichen Wissens besonders leiden lässt. Es ist gewiss verdienstvoll, die Disziplin auch als eine soziale Veranstaltung unter institutionellen und kulturellen Bedingungen zu beobachten (Merton). Aber eine an den Oberflächen der wissenschaftskommunikativen Performanzen klebende Soziologie der Soziologie *verunklart* die inferentielle Infrastruktur des speziellen Geltungsanspruchs soziologischen Wissens (siehe demgegenüber Habermas und Luhmann 1971). Eine soziologische Selbst-Beobachtung, die gesellschaftsbezogene Aufklärung offensiv zu einer kontextversunkenen Praktik unter anderen erklärt, untergräbt eben jene epistemische Autorität aus rationaler kognitiver Autonomie, der sie ironischerweise ihr Mandat verdankt (postmodernistisch Latour 2000 und empiristisch Swedberg 2014, kritisch dazu Anicker 2019).[8] Hegel nannte diesen Blickwinkel die Kammerdienerperspektive auf die philosophische Problemgeschichte, was durchaus keine dünkelhafte Verachtung des Dienstpersonals ist, sondern der sehr bedenkenswerte Hinweis, dass die Schlüssigkeit der transzendentalen Dialektik

7 In »Ideologie und Utopie« lässt sich genau beobachten, wie Mannheim sich augenzwinkernd herauszureden versucht: Erst unterscheidet er Relativismus und Relationismus, doch dann wird die zweite Variante nicht etwa mit Gründen gegen den Eindruck des Selbst-Dementis verteidigt, sondern Mannheim wechselt einfach das Thema und schiebt die Wertfreiheitsfrage vor (Mannheim 1995: 71ff.). Die einzige Position, die sich dieser wissenssoziologischen Lebenslüge (dass »Wertfreiheit« die Antwort auf das epistemische Selbstdementi des Konstruktivismus sei) in voller Konsequenz stellt, bleibt Luhmann (1993), auch wenn die differenztheoretische Systemtheorie selbst noch keine überzeugende Lösung der Referenzfrage gefunden hat (siehe die folgende Fußnote).

8 Autonomie heißt hier nicht Freiheit von empirischer Verankerung, sondern sie markiert, dass die Soziologie bestimmt, was soziologisch als bearbeitungswürdiges Problem gilt, was soziologisches Vokabular ist und was soziologisch korrekt (anschlussfähig) argumentiert ist, auch im Sinne von Luhmann (1992). Umweltbezug bleibt bei Luhmann mitgemeint, obgleich die systemtheoretische Referenztheorie – aufgrund ihrer sachfernen Reduktion des Pragmatismus auf eine handlungsfixierte Dogmatik – in der Tilgung des Beitrags der Umwelt-Korrelate interner Beobachtung zu weit geht. Das ist der Preis für eine kybernetische Transposition des Erbes der Phänomenologie, die Luhmann unter anderem bei Gotthard Günther aufgelesen hat. Andernfalls hätte der Problemzusammenhang: »Leiblichkeit« Verbindungen zwischen der theoretischen Insistenz auf System-Umwelt Differenzen und dem pragmatistischen Externalismus zugelassen (siehe dazu Renn 2021).

bei Kant nur ganz entfernt mit dessen Unwillen, das Schlafzimmer zu lüften, zusammenhängt.[9]

Die Soziologie unterminiert hier ihre epistemische Autonomie und sie befördert damit die anderweitig und anderenorts (durchaus in den Universitäten) schon betriebene Schwächung ihrer epistemischen gesellschaftlichen Autorität, wenn sie auf die Krisis einer Wissenschaft, die nicht Natur erforscht, sondern ausdifferenzierter *Teil der gesellschaftlichen Selbstverständigung* ist, panisch mit Entdifferenzierungs-Bereitschaft reagiert. Genau diese Entdifferenzierung aber wird im Fach selbst befördert, wenn Soziologie sich entweder in empirizistischer Verdrängung der Implikationen des Fallibilismus in eine Art Faktizitäts-Dienstleisterin verwandelt,[10] ebenso wenn sie ethisch erregt auftrumpft und als *partikulare* weltanschauliche Kritik (Renn 2024: 49 ff.) eine konzeptuell völlig unbestimmte »Gesellschaft« adressiert (wie Frazer 2023), oder wenn sie schließlich vollends verblasst zur feuilletonistischen Zeitdiagnose, die ihren Einfall nur noch illustriert, statt rechtfertigt oder belegt, um mit gegenaufklärerischem Pomp Mythen wie eine dritte Moderne auszurufen (wie Blühdorn 2024).

Die Wissenschaft ist zuletzt unzweifelhaft ins Visier autokratischer Politik geraten (Forst, Tockner 2025). Im Unterschied zu naturwissenschaftlichen Prognosen klimaschädlicher Entwicklungen tragen soziologische Produktionen jedoch auf ihre eigene Weise und freiwillig zur Entdifferenzierung zwischen Wissen und Meinen bei: Die Krisis der Autorität *sozialwissenschaftlichen* Wissens stammt nicht allein aus der politischen Umgebung. Sie besteht aktuell im *Zusammentreffen* dieses Autoritätsentzuges der Wissenschaften in den vielen, »populistisch« gestimmten öffentlichen Debatten und Netzwerken mit einer *spezifisch soziologischen Selbstdestruktion.* Noch erscheint uns der

9 Wie zahllose soziologische Präsentationen vermeintlich empirischer Ergebnisse für außerwissenschaftliche Adressen. So aber mit Anspruch auf Einsicht in soziale Grundlegungen soziologischer Theorie Farzin, Laux (2014).

10 Ich unterlasse hier in voller Absicht Hinweise auf bestimmte Arbeiten, denn das systematische Problem besteht natürlich nicht darin, überhaupt empirische Ergebnisse zu präsentieren – was sonst sollte man tun? - und nicht einmal darin, den immer hypothetischen Charakter vorläufiger »Ergebnisse« der Forschung irgendwie zu leugnen (das besorgen die außerwissenschaftlichen Rezeptionen soziologischer Erkenntnisse selbst und immer schon). Sondern das Problem besteht in der paradigmatisch gewordenen Routine, alltagsweltliche und Laien-Kategorien, konzeptionelle Stereotype (wie »die deutsche Gesellschaft«, die dann semantisch in die Position eines »Akteurs« gebracht wird) um der öffentlichen Anschlussfähigkeit der Soziologie willen in den *internen* Gebrauch soziologischer Kommunikationen zu übernehmen.

(schwer zu bestimmende) gesellschaftliche Bedeutungsverlust der Wissenschaften womöglich im Falle der soziologischen Expertise als moderates Problem. Denn Teile des allgemeinen Publikums und mächtige Konsumenten, Unternehmen, Regierungen und Massenmedien konsultieren soziologisches Wissen mit Vergnügen. Aber bei Lichte besehen ist eine solche Popularität von Teilen der Disziplin gerade nicht eine Ausdrucksform der epistemischen Autorität der Soziologie, sondern einer ihrer Sargnägel, weil *diese* Autorität mit sinkendem Grenznutzen entliehen ist und mit Autonomieverzicht verzinst werden muss. Denn die öffentliche Resonanz ist nur gesichert, wenn und solange die Soziologie *sich selbst* in Vokabular, Sprachduktus, im Grad epistemischer Anspruchslosigkeit und thesenhafter Anschaulichkeit, schließlich in der Gegenstandskonstitution, die einer Disziplin den identitätsgenerierenden Weltausschnitt erschließt, an die semantischen Normen und an die Anschlussregeln *außerwissenschaftlicher* Rede anpasst. Die fachliche Kommunikation verliert Distanz zum gewiss nicht gesunden Menschenverstand, und das ist, ohne den Widerstand gegen die Tendenz, die *externe* Anschlussfähigkeit bereits fachintern zum Kriterium der Relevanz von Terminologien und Forschungshypothesen zu machen, nicht etwa »public sociology«, sondern es ist entdifferenzierende Dekomposition soziologischer Selbstreferenz.[11]

3. Was soziologische Aufklärung sein wollte

Die Krise der gesellschaftlichen Lagerung der Wissenschaften ist kaum zu leugnen, ihre *soziologische* Durchdringung steht aus. Und das auch deshalb, weil dieser krisenhafte Zusammenhang die Soziologie als sehr spezielle Disziplin auf eigene Art trifft. Denn *diese* Wissenschaft sucht nicht nach in Techniken übersetzbare Repräsentation natürlicher Gesetzmäßigkeiten, sondern sie ist, selbst in ihren »positivistischen« Varianten, ein spezifischer Teil der

11 Gleichzeitig wächst in den Kontexten politisch relevanter Meinungsbildung trotzdem die Erosion wissenschaftlicher Reputation, der Zweifel an der Überlegenheit institutionalisierter »Wissensproduktion«. Er wird genährt durch eine gesteigerte gesellschaftliche Diversifizierung von Foren und Reichweiten epistemischen Vertrauens (die Erfahrung der Vielfalt nicht nur der Meinungen, sondern auch der Vielfalt der Kriterien der Plausibilität triggert hier Kontingenz-Zuschreibung, den universalisierten Ideologiebegriff K. Mannheims pfeifen heute die Spatzen von den Dächern).

Aufklärung der Gesellschaft über sich selbst.[12] Was unter soziologischer Aufklärung zu verstehen wäre, differiert natürlich zwischen der Kritischen Theorie, der systemtheoretischen Tradition (für vieles Habermas, Luhmann 1971), postkolonialistischen oder feministischen Zugängen erheblich (Chakrabarty 2010; Butler 2007; Frazer 2023). Nicht einmal die Vorstellungen darüber konvergieren, wie die Geltung soziologischer Welterschließung mit der Lagerung des Faches in der Gesellschaft »irgendwo« zwischen Distanz und Intervention zusammenhängt. Doch alle Varianten haben innerhalb der Disziplin und außerhalb aufgrund der sehr spezifischen pragmatischen Valenz soziologischen Wissens und der gewandelten Lagerung des Faches in der Gesellschaft stark an Reputation verloren.

Soziologische Aufklärung wurde nach den steuerungsoptimistischen Zeiten und durch die sinkende Konjunktur *emanzipatorischer* Sozialreform »entzaubert«. Diese Entzauberung ist selbst sogar noch ein Stück Aufklärung, denn der Anspruch des Faches auf epistemische Autorität, dann auf gesellschaftliche Alimentierung und Resonanz berief sich auf die vermeintliche sozialtechnologische Steuerungstauglichkeit soziologischen Wissens, am Rande, *alternativ* auch auf die eigene kritische Potenz, gesellschaftliche Lernprozesse auszulösen. Solche Projekte und ihre Rechtfertigung konnten jedoch nur solange ihren Anspruch auf Überpartikularität aufrechterhalten, wie es möglich schien, Gesellschaft als eine Totalität, als vergesellschaftete Einheit aus Subjekt und Objekt der Aufklärung zu verstehen, die sich mit den Augen der Soziologie »selbst« betrachtet (und dabei »aufklärt«). Sobald aber dieser Bezug auf das Ganze der Gesellschaft als ein »transzendentaler Schein« (Kant) durchschaut war, man also wissen konnte, dass die Gesellschaftstheorie lange von der Verwechslung einer regulativen Idee dieser Einheit mit einer empirisch zur Gegebenheit kommenden Größe lebte, wurde jeder essentialistische Begriff der Gesellschaft Ideologie.[13] Und jede unbedarfte soziologische Referenz auf »eine« Gesellschaft importiert dann nur noch einen lebensweltlichen, alltags-diskursiven, eventuell politischen Begriff der Gesellschaft, der bestenfalls ein Partikulares[14] meinen kann, soziologisch aber nicht hält, was er verspricht: den Bezug auf ein womöglich

12 Und so verstand es eben auch – trotz späterer, kritisch-rationalistischer Pfropfungen seiner werttheoretischen Überlegungen – Max Weber (1982: 91).

13 Schon bei Adorno ist der Bezug auf das Ganze der Gesellschaft nur noch negativ. Es ist die falsche Einheit der Totalität, die einer soziologischen Perspektive die Rechtfertigung dafür gibt, noch immer ein »Wesen« der Gesellschaft repräsentieren zu können (Adorno 2003: 31).

14 Etwa die national-zivilgesellschaftlichen Arenen *in* einer multipel differenzierten Global-Konstellation.

»integriertes« (siehe dagegen Luhmann 1998) Ganzes, dass sich in maximaler »Saturiertheit« (Parsons) selbst – natürlich: *politisch* – steuern könne. Nicht erst der theoretische Nationalismus, sondern schon die falsche Identifizierung einer bestimmbaren Bezugsgröße namens »deutsche« Gesellschaft tauscht haltbare soziologische Terminologie durch lebensweltliche Dispositionen aus.

Mit der Einbuße an *Adressierbarkeit* der Premium-Adressatin der Aufklärung, der Gesellschaft, wird aus den Appellen an einen *höheren, weil aufklärerischen* Nutzen soziologischer Aufdeckung von Latenzen (wie bei Oevermann, Bourdieu) für die ganze Gesellschaft durch Verlust des Ganzen ein *partikularer* Anspruch auf Nützlichkeit. Aufgrund externer Lageveränderungen (Verlust des Status als Leitwissenschaft) und interner Problemreflexionen (Paradoxie der Selbstreferenz) drängt sich der Soziologie die Einsicht auf, dass die Partikularität von Autorinnen und Adressaten gesellschaftsanalytischer Aufklärung unausweichlich ist: Man kann nicht mit der Gesellschaft kommunizieren und sie auch nicht mit sich selbst (Luhmann 1998: 78 ff.; vgl. Renn 2006: 43 ff.). Das aber bedeutet, dass der Anspruch auf soziologische Aufklärung sich nicht mehr auf die Einsicht in das Wesen des Ganzen der Gesellschaft berufen kann, so dass an die Stelle der autonomen Berufung des Fachs auf *gesellschaftliche* Vernunft die heteronome Kopplung an jeweils *partikulare* gesellschaftliche *Vorstellungen* von je kontexteigener Nützlichkeit tritt, entweder der politischen, der ökonomischen oder auch einer gegenkulturellen Nützlichkeit (Luhmann 1998: 866 f.; Renn 2024: 51 ff.). Und deswegen sind auch die großen Intellektuellen nicht mehr in Sicht und wirksam. Personifizierung kritischer Intellektualität wie Habermas, Bourdieu, Arendt standen ehedem für die personal exemplifizierte und mit Charakter ausagierte Fusion von wissenschaftlicher Rationalität und politischer Engagiertheit; doch selbst diese Verschmelzung ist retrospektiv entlarvt als Übergeneralisierung der Reichweite einer solchen Personalunion (vgl. Brunkhorst 1987). Sie endete eben auch in den heroischen Zeiten de facto an den Grenzen eines sehr speziell alphabetisierten, partikularen Milieus. Heute liegt es offen zu Tage, dass die Dinge auseinandertreten, ohne dass der Verlust darin immer gespürt wird: Die wissenschaftlichen Skrupel bedient man fachintern, für die große Reichweite sind fadenscheinige Zeitdiagnosen mit breiten aber kurzatmigen Absatzchancen zuständig, und politisch verdampft die Solidarität der Wissenschaftlerin mit den Unterdrückten in Gaza oder mit den Opfern des Impfens zuerst im Zwielicht unvermeidlicher Ambivalenz und dann im Sperrfeuer der Shitstorms.

Die sozialtechnologische Legitimation des Fachs, das nach Kriterien beurteilt wird, die nicht die eigenen sind, zeigt sich in der Folge dominant. Und auch das ist vielleicht ein Reflex erstarkter autoritärer Steuerungsvorstellungen des Wissenschaftsbetriebs. Aber diese Legitimation sicherte das Fach nur *äußerlich* ab um den Preis der Bereitschaft zu einer Entdifferenzierung, zu einem Autonomieverzicht, der durch den besonderen Gegenstand des Faches, nämlich seine *gesellschaftliche* Umwelt selbst spezifisch ausfällt: In der Umwelt der Soziologie haben mit dem Bedeutungsverlust der sogenannten sozialdemokratischen Epoche Kriterien der Markttauglichkeit die Relevanz der Emanzipation deutlich ausgestochen, und das Fach Soziologie muss zunehmend seine Akzeptanz (das epistemische Vertrauen in der Umwelt) durch Übernahme von disziplin-externen Problemdefinitionen, Geltungs- wie Verständlichkeitskriterien und Nutzen-Imperativen aus der Umwelt des Fachs erkaufen. Das hindert die Soziologie anders als andere Fächer sowohl daran, zur Reife einer »normal Science« im Sinne Kuhns, das heißt mit eigenem Vokabular und dem gesicherten Mandat zur autonomen Bestimmung der fachkonstitutiven Probleme und Gegenstände heran zu reifen, als auch daran, zum Beispiel kritische Analyse der Gesellschaft im Horizont emanzipatorischer Welterschließung zu werden.

Soziologische Aufklärung bedeutet im Selbstbezug des Faches, den performativen Charakter der Sozialwissenschaften auch als eine normative Frage an die Rationalität der Disziplin zu verstehen. Bei Habermas wurde dieser performative Charakter einst als paradigmatische Bindung der Erkenntnis ans Interesse artikuliert (Habermas, Luhmann 1971).

Von dieser – selbst intrinsisch *soziologischen* und darum epistemisch autonomen – Reflexion der gesellschaftlichen Funktion der Soziologie (ob nun Emanzipation oder Sozialtechnologie) bleiben jedoch im Zuge der Reduktion des irgend noch auf Gesamtgesellschaft bezogenen Vernunftanspruchs nur zwei unvollkommene Hälften, von denen jede für sich die epistemische Autonomie ausdifferenzierter Wissenschaft einzubüßen droht. Denn das seiner epistemischen Identität ungewisse Fach teilt sich in unintendierter Schismogenese in miteinander unverträgliche Teilzuständigkeiten für Fragmente eines Spektrums möglicher soziologischer Objektreferenz. Es laufen unter dem gleichen disziplinären Namen nebeneinander sowohl der breite Mainstream eines »Immer-Weiter-so«-Positivismus, der angeblich wertneutral leicht verständliche Fakten erzeugt, um sie in der Umwelt des Wissenschaftssystems gegen Alimentierung zu tauschen, als auch eine zur Weltanschauungsphilosophie, das heißt zur normativen Klage geschrumpfte

Aufklärungs-Mimikry, die partikulare ethische Bekenntnisse übergeneralisiert (wie Rosa 2019) und sich damit selbst überzogenen Einsprüchen gegen einen in Wahrheit kolonialistischen Universalismus (Chakrabarty 2010) vollends ausliefert (siehe dagegen Benhabib 2024).[15]

Der performativ allmählich vollzogene, dabei freiwillige Verzicht der Soziologie auf ihre epistemische Autonomie, auf eigene Vokabulare, Argumentationsweisen, Begründungsformen, auf die Pflicht zur Unanschaulichkeit im Vergleich zu den »Ontologien« der Lebenswelt, hindert indessen die Erfüllung einer Funktion speziell der *sozialen* Wissenschaft für die Gesellschaft. Dies ist die Funktion der de-institutionalisierungs-trächtigen *Verunsicherung* von vermeintlich Gegebenem (so auch Luhmann 1992). Das Fach kassiert diese Verunsicherung in der Hoffnung auf Absatzchancen ein, liefert entweder metrisierte Fakten oder aber »Zeitdiagnosen«, das gesellschaftstheoretische Katzengold, das bombastische Reime auf das Ganze bietet mit Titeln wie »Singularisierung« oder »explosive Moderne«. Die kassierte Verunsicherung zieht im Gegenzug in das Verhältnis des Fachs zu sich selbst ein. Die Disziplin hält den sachlichen Konflikt der Paradigmata latent und rührt nicht mehr am Waffenstillstand zwischen Teilsoziologien, die einander in allem, was ein Fach definiert, widersprechen (müssten). Das scheint auf der Oberfläche des Betriebs eine räsonable Konsequenz aus der Absage an das Programm der Einheitswissenschaft zu sein, obwohl auch dieses Programm im allgemein konsentierten »Jeder/m das seine/ihre« ebenfalls Platz im Fach behält (wie bei Albert 2020). Aber das unterminiert zuerst die epistemische Autonomie, die Distanz zu den Sinn-Routinen des Alltags wie auch zu denen anderer Funktionsbereiche, dann die nur durch solche Distanz langfristig erreichbare epistemische Autorität in »der« Gesellschaft, da es den Austrag der objektiven Konkurrenz, ja Unverträglichkeit zwischen den konkurrierenden Versionen der soziologischen Gegenstandsauffassung *meidet.* Aus dem Feyerabendschen »anything goes«, das noch anarchistische Verweigerung des Nutzens der Wissenschaft war, wird die barbarische Scheintoleranz, die kontradiktorische soziologische Gegenstandsentwürfe als »Theorieangebote« versteht und bis zur Beliebigkeit der Wahl des Vokabulars koexistieren lässt. Solche Angebote werden der Nachfrage im agonalen Tummelfeld eines Marktes der Aufmerksamkeit zum Fraß vorgeworfen, und im Fach bekennt man sich offen dazu, dass die Einschränkung der Beliebigkeit

---

15 Die Zeitdiagnosen mit Bestselleraspiration sind kaum noch dazu zu zählen, weil sie entdifferenzierend soziologische Autonomie nicht mehr nur riskieren, sondern schon übergelaufen sind ins journalistische Fach.

in der Sozialdimension geschieht. Marktchancen entscheiden, ob ich nun mit Bourdieu, Luhmann, Coleman, Foucault, Latour, mit was immer an »die Sache« herangehe, so dass »Theorizing« sich auf karriererelevante Positionierung reduziert (so leider auch Anicker 2019). Dabei geht dann *dauerhaft* nur durch, was geringere Gestellungskosten, also weniger intellektuelle Anstrengung erfordert. Das externe Publikum wird leichter semantisch erreichbar, und die Karrierewege sind schneller absolviert. Der Forderung der Umwelt der Soziologie, ihr durch Lieferung von Gewissheiten nützlich zu sein, hat diese Soziologie nichts mehr entgegenzusetzen.

4. Schluss: Insistenz auf Differenzierung

Rückgewinnung epistemischer Autonomie bedeutete metapolitische, also Politisierung und Kommodifizierung zurückweisende, Verteidigung einer sehr spezifischen sozialen als einer epistemischen und also sprachlich-praktischen Differenzierung. Wissenschaft kommuniziert in eigener Sprache (extern anschlussunfähig) um die Orientierung an Wahrheit herum, aber diese Wahrheit ist eine regulative Idee und wissenschaftlich gewonnenes Wissen, qua Wissenschaftlichkeit hypothetischen, selektiven Charakters. Erst recht im Falle soziologischer Befugnis materialisiert sich deshalb die Wahrheitsorientierung im Kern und zuerst als die nach Kriterien, die selbst kritisierbar bleiben, begründete Richtigkeit der Diagnose auf *Falschheit*, und zwar Falschheit von vielem, was »draußen«, in der Gesellschaft geglaubt, vorausgesetzt, legitimiert und für gegeben genommen wird (das wäre kritische Soziologie, ganz ohne *notwendig partikulare* moralische Empörung). Eine solche negative Wissens-Kommunikation nach draußen aber traut sich die Soziologie, nach dem Verglühen der sozialwissenschafts-versessenen Steuerungseuphorie wie auch des emanzipatorischen Erkenntnisinteresses, selbst nicht mehr zu. Und so redet sie mittlerweile ihren möglichen externen Auftraggebern nach dem Munde und deutet »die Gesellschaft« in schon vorverarbeiteten Versatzstücken und in der Sprache politischer Orientierung anschlussfähig aus. Aber die Pflege des Mythos, die soziologische Wissenschaft steuere nutzbares Faktenwissen bei, wird nicht verhindern, dass der Schwindel einmal auffliegt. Dann wäre das Fach endlich weder Wissenschaft noch Weltanschauung mit tröstender Konjunktur auf den publizistischen Märkten. Denn es erhält sich die eigentümliche Autorität soziologischen Wissens nicht durch das Kopieren sozialer Erwartungen und sozialer Kriterien der Geltung von Wissen in die paradigmatische Semantik und kommunikative Praxis einer Wissenschaft. Nachhaltig gepflegt wird die Autorität durch *Abstand,* der Unverständlichkeit im Publikum in Kauf nehmen muss.

Das heißt überhaupt nicht, dass soziologische Theorien einem Selbstzweck der Theoriebildung folgen. Die genetische-praktische Verankerung wissenschaftlicher Sprache beziehungsweise wissenschaftlichen Sprachgebrauchs (und empirischer »Daten«-Konstitution zumal) ist selbstverständlich keine geltungs*irrelevante* Bedingung etwa der Theoriebildung. Es kommt heute aber darauf an, daran zu erinnern, dass diese Verankerung eben nicht impliziert, die Geltung soziologischer Erkenntnis auf soziale Anerkennung *reduzieren* zu müssen (siehe Kuhn 1978). Die soziale Ausdifferenzierung von Praktiken und Kontexten der soziologischen Theoriebildung ist nicht die Ausbildung irgendeiner beliebigen Wissensproduktion unter anderen, sondern diejenige Variante der notwendigen Bedingung der Möglichkeit der *Differenzierung zwischen Glauben und Wissen, zwischen Doktrin und Begründung, zwischen Geltungsrechtfertigung und Sinnkonstitution, die soziologischer Aufklärung Raum eröffnet.*

Literatur

Adorno, Theodor W. 1972: Zur Logik der Sozialwissenschaften. In Theodor W. Adorno / Ralf Dahrendorf (Hg.), Der Positivismusstreit in der deutschen Soziologie. Neuwied: Luchterhand, 125–145.

Adorno, Theodor W. 2003 [1968]: Einleitung in die Soziologie. Frankfurt am Main: Suhrkamp.

Albert, Gert 2020: Kumulative Erkenntnis in einer realistischen Soziologie. Zeitschrift für theoretische Soziologie, 9. Jg., Heft 1, 4–32.

Anicker, Fabian 2019: Theorie aus der Froschperspektive: zu Richard Swedbergs ›theorizing‹. Zeitschrift für theoretische Soziologie, 8. Jg., Heft 2, 282–289.

Benhabib, Sheila 2024: Für einen interaktiven Universalismus. Kosmopolitismus und die postkoloniale Kritik. Blätter für deutsche und internationale Politik, Heft 6, 59–69.

Bloor, David 1991: Knowledge and Social Imagery. Chicago: University of Chicago Press.

Blühdorn, Ingolfur 2024: Unhaltbarkeit. Auf dem Weg in eine andere Moderne. Berlin: Suhrkamp.

Bricmont, Jean / Sokal, Alan 1998: Fashionable Nonsense: Postmodern Intellectuals' Abuse of Science. New York: Picador.

Brunkhorst, Hauke 1987: Der Intellektuelle im Land der Mandarine. Frankfurt am Main: Suhrkamp.

Butler, Judith 2007: Kritik der ethischen Gewalt. Frankfurt am Main: Suhrkamp.

Chakrabarty, Dipesh 2010: Europa als Provinz. Perspektiven postkolonialer Geschichtsschreibung. Frankfurt am Main: Campus.

Dummett, Michael 1982: Wahrheit. Stuttgart: Reclam.

Farzin, Sina / Laux, Henning 2014: Gründungsszenen soziologischer Theorie. Wiesbaden: Springer VS.

Forst, Rainer / Tockner, Klement 2025: Im Visier der Autokraten: Vom Wert der Wissenschaftsfreiheit. Blätter für deutsche und internationale Politik. Heft 10, 109–119.

Frazer, Nancy 2023: Der Allesfresser. Wie der Kapitalismus seine eigenen Grundlagen verschlingt. Berlin: Suhrkamp.

Habermas, Jürgen 1999: Wahrheit und Rechtfertigung. Philosophische Aufsätze. Frankfurt am Main: Suhrkamp.

Habermas, Jürgen / Luhmann, Niklas 1971: Theorie der Gesellschaft oder Sozialtechnologie. Frankfurt am Main: Suhrkamp.

Kuhn, Thomas 1962: The Structure of Scientific Revolutions. Chicago: Chicago University Press.

Kuhn, Thomas 1978: Die Entstehung des Neuen. Studien zur Struktur der Wissenschaftsgeschichte. Frankfurt am Main: Suhrkamp.

Latour, Bruno 2000: When things strike back: a possible contribution of ›science studies‹ to the social sciences. British Journal of Sociology, vol. 51, no. 1, 107–123.

Lepsius, M. Rainer 1990: Interessen, Ideen und Institutionen. Opladen: Westdeutscher Verlag.

Levitsky, Steven / Way, Lucan A. 2025: Der Staat als Waffe: Trumps Kompetitiver Autoritarismus. Blätter für deutsche und internationale Politik, Heft 3, 47–59.

Luhmann, Niklas 1992: Die Wissenschaft der Gesellschaft. Frankfurt am Main: Suhrkamp.

Luhmann, Niklas 1993: Gesellschaftsstruktur und Semantik. Studien zur Wissenssoziologie der modernen Gesellschaft. Frankfurt am Main: Suhrkamp.

Luhmann, Niklas 1998: Die Gesellschaft der Gesellschaft. Frankfurt am Main: Suhrkamp.

Mannheim, Karl 1995 [1929]: Ideologie und Utopie. Frankfurt: Klostermann.

Merton, Robert 1973 [1942]: The Sociology of Science. Theoretical and Empirical Investigations. Chicago: University of Chicago Press.

Müller, Axel 2001: Referenz und Fallibilismus. Zu Hilary Putnams pragmatischem Kognitivismus. Berlin, New York: De Gruyter.

Özmen, Elif (Hg.) 2021: Wissenschaft im Konflikt. Grundlagen, Herausforderungen und Grenzen. Berlin: Metzler.

Putnam, Hilary 1991: Repräsentation und Realität. Frankfurt am Main: Suhrkamp.

Renn, Joachim 1999: Explikation und Transformation. Die Anwendung soziologischen Wissens als pragmatisches Übersetzungsproblem. In Aida Bosch / Clemens Kraetsch / Helmut Fehr / Gert Schmidt (Hg.): Sozialwissenschaftliche Forschung und Praxis. Wiesbaden: Deutscher Universitätsverlag, 123–145.

Renn, Joachim 2006: Übersetzungsverhältnisse. Perspektiven einer pragmatistischen Gesellschaftstheorie. Weilerswist: Velbrück.

Renn, Joachim 2021: Indirekte Referenz. Pragmatischer Realismus und Medientheorie. Bielefeld: transcript.

Renn, Joachim 2024: Negative Konstitution und indirekte Referenz. Die multiple Differenzierung der Gesellschaft und ihre soziologische Analyse. In Marc Mölders / Joachim Renn / Jasmin Siri (Hg.): Differenzierung und Integration. Zur Ausdifferenzierung der Differenzierungstheorie, 5. Sonderband der Zeitschrift für theoretische Soziologie. Weinheim: Beltz-Juventa, 47–80.

Rosa, Hartmut 2019: Resonanz. Eine Soziologie der Weltbeziehungen. Frankfurt am Main: Suhrkamp.

Stichweh, Rudolf 2013: Wissenschaft Universität Professionen. Soziologische Analysen. Bielefeld: transcript.

Swedberg, Richard 2014: The Art of Social Theory. Princeton, London: Princeton University Press.

Thein, Christian 2025: Konstellationen und Transformationen: Zwischen alter und neuer Kritischer Theorie. Weinheim: Beltz-Juventa.

Weber, Max 1982 [1922]: Roscher und Knies und die logischen Probleme der historischen Nationalökonomie. In Max Weber, Gesammelte Aufsätze zur Wissenschaftslehre. Tübingen: Mohr-Siebeck, 1–145.

Wilson, Aaron B. 2018: Peirce's Hypothesis of the Final Opinion. European Journal of Pragmatism and American Philosophy, no. X-2. doi: 10.4000/ejpap.1319, letzter Aufruf am 5. November 2025.

Soziologie, 55. Jg., Heft 1, 2026, S. 43–50

Kampf um Liegestühle

Lehrperspektiven eines prominenten Beispiels

Rainer Paris

Heinrich Popitz' Liegestuhl-Beispiel in »Prozesse der Machtbildung« (1968)[1] ist ein fester Bestandteil soziologischen Grundwissens. Jeder, der in Deutschland Soziologie studiert oder studiert hat, kennt es; es gehört gewissermaßen zur ›Muttermilch‹ des Soziologiestudiums. Popitz demonstriert daran zwei grundlegende Mechanismen des Sozialen im Allgemeinen und der Usurpation von Macht im Besonderen: die »überlegene Organisationsfähigkeit der Privilegierten« (wenige Entschlossene können einer atomisierten Mehrheit ihren Willen aufzwingen) und die »Entstehung der Legitimitätsgeltung aus dem Gegenseitigkeitsprinzip« (Privilegierte bestätigen sich gegenseitig die Legitimität ihrer Privilegierung). Zwar werden auch die anderen beiden Beispiele in der schmalen Broschüre (der Bau eines Herdes in einem Gefangenenlager und ein Verteilungssystem von Brot in einer Erziehungsanstalt) gelegentlich in Seminaren aufgegriffen und behandelt; an die Prominenz der »Liegestühle« reichen sie jedoch nicht heran.

Der Text von Popitz ist ein mustergültiger Fall der Eröffnung und Vorführung anschaulicher soziologischer Theoriebildung (vgl. Farzin, Laux 2016). Er exemplifiziert Grundaxiome der Machtanalyse in einer Argumentation, bei der die einzelnen Schritte und Schlussfolgerungen derart fugenlos ineinandergreifen, dass man sich der elementaren Einsicht »Ja, so ist es!« nicht entziehen kann. Kein Wunder, dass er in soziologischen Einführungsveranstaltungen und Proseminaren geradezu Kultstatus erlangt hat. Trotzdem enthält die Popitzsche Darstellung der Situation auch einige (gewollte) Verknappungen und Leerstellen; von ihnen soll hier die Rede sein.

1 Ich zitiere nach der Ausgabe Popitz 1992: 185–231 und 270–272.

Belegen und Abräumen

Popitz skizziert die Ausgangssituation in wenigen Strichen: Anzahl und Status der Passagiere, die verfügbaren Liegestühle als ursprünglich nicht knappes Gut, Gleichheit der Zugangsrechte und Nutzungschancen. Die normative Regulierung der Situation und Inanspruchnahme wird im ersten Schritt nicht näher betrachtet; dazu heißt es lapidar: »Belegsymbole wurden nicht anerkannt.« (1992: 188) Doch ganz so einfach, wie es scheint, liegen die Dinge nicht. Grundsätzlich ist die praktische Nicht-Anerkennung von Belegsymbolen nämlich eine komplizierte, keineswegs unproblematische Angelegenheit. Jeder, der schon einmal eine gut gefüllte, öffentliche Sauna besucht hat, kennt die Situation und das Dilemma: Obwohl in den meisten Saunen durch entsprechende Schilder dazu aufgefordert wird, die aufgestellten Liegen nicht zu belegen, hält sich kaum einer der Saunagäste daran. Und tatsächlich wird die Einhaltung dieser Vorschrift nur in den seltensten Fällen kontrolliert und durchgesetzt.

Die Ursachen dafür sind vielfältig. Der häufigste Grund ist einfach: Solange es noch mehrere freie Liegen gibt, entsteht für die anderen ja kein Nachteil oder Schaden. Erst bei Überfüllung ergibt sich jene Nullsummen-Konstellation, die das Problem akut werden lässt. Außerdem teilen alle nach einem anstrengenden Saunagang das Bedürfnis nach entspannter Ruhe und Erholung, ohne sich erst mühsam einen neuen Liegeplatz suchen zu müssen. Der offiziellen Vorschrift stehen also sehr konkrete leibliche Bedürfnisse entgegen.

Doch damit nicht genug. Was bedeuten »Belegen« und »Nichtanerkennung von Belegsymbolen« praktisch? Belegen ist Dableiben, auch wenn man weg ist. Man hinterlässt einen *Anspruch* auf Nutzung trotz aktueller Abwesenheit durch das Platzieren persönlicher Gegenstände (Handtuch, Bademantel, Sporttasche und so weiter) auf der gewählten Liege (»Vollpacken«). Dabei gilt der Grundsatz: Je mehr, desto entschiedener – dies ist übrigens oftmals ein Indiz dafür, dass sich der Normbrecher der Verletzung der situativen Norm durchaus bewusst ist. Wer eine Norm brechen will, tut gut daran, dies massiv und unmissverständlich zu tun. Entschlossenheit schüchtert ein. Je entschiedener man eine geltende Norm bricht, desto größer sind die Erfolgschancen. Alles Zaudern und Zögern mindert sie und verunklart die Situation.[2]

Warum aber wird der Regelverstoß im Normalfall hingenommen und so selten sanktioniert? Das Grundproblem ist die Initiative. Wenn das Personal

2 Man stelle sich etwa einen Bankräuber vor, der die Kassiererin mit den Worten anspricht: »Ich überlege gerade, ob ich Sie vielleicht überfallen will.«

sich heraushält und auf die Anmahnung der ausgeschilderten Regel verzichtet, bleibt nur der andere, durch das Verhalten des Ersten ausgeschlossene Nutzer, der den Normbruch durch das Abräumen der Belegsymbole ahnden könnte. Das ist jedoch außerordentlich schwierig und voraussetzungsreich, denn alles Sanktionieren etabliert eine situative Machtdifferenz, die der Statusgleichheit der Beteiligten zuwiderläuft. Hinzu kommt, dass das Entfernen des Handtuchs oder Bademantels von der Liege unter Umständen als versuchsweises »Vergreifen an fremdem Eigentum« gedeutet werden könnte – mit allen Konsequenzen der Legitimierung und möglichen Auseinandersetzung mit dem Besitzer. Es handelt sich also bei näherem Hinsehen um einen *Normkonflikt*, bei dem die Durchsetzung einer Norm mit dem Risiko einhergeht, der Verletzung einer anderen Norm bezichtigt zu werden.

Ein weiteres Problem ergibt sich aus der Vieldeutigkeit von Leere und Abwesenheit. Wann ist ein Liegestuhl »dauerhaft nicht besetzt«? Ist es eine Aufgabe der Nutzung, wenn ein Inhaber den Liegestuhl nur kurzzeitig verlässt, etwa um auf die Toilette zu gehen oder sich ein Getränk zu holen? Weder ein Saunagang noch ein paar Runden Schwimmen werden gemeinhin als Aufgabe des Liegestuhls angesehen. Andererseits ist eine stundenlang mit einem Handtuch belegte Liege, auf der niemand liegt, sicher ein Verstoß gegen die geltende Norm. Und trotzdem sind die Hemmungen unter nominell Gleichgestellten groß, im Sinne der Durchsetzung dieser Norm initiativ zu werden.

Die Mechanik der Aneignung

Wie kommt es nun zur exklusiven Inbesitznahme des vorher für alle verfügbaren Kollektivguts? Popitz erzählt die Geschichte als Entstehung einer spontanen Übereinstimmung und Gruppenkohärenz, die sich unter den Neuankömmlingen nach der Abfahrt aus einem bestimmten Hafen herausbildete. Dabei lässt er die Vorgeschichte dieser Gruppenbildung bewusst im Dunkeln: »Daß es sich von vornherein um eine Solidaritätsgruppe handelte, um irgendeinen Familienclan, soll ausdrücklich nicht unterstellt werden.« (1992: 190) Im Vordergrund steht bei Popitz ausschließlich die Identifizierung gemeinsamer Interessen und Ambitionen, die für die Durchsetzung einer neuen Ordnung erforderlich sind. Andererseits ist offensichtlich, dass ein Gelingen dieser usurpatorischen, ja auch mit einem deutlichen Risiko behafteten Aktion umso wahrscheinlicher ist, je mehr ein gewisser sozialer Zusammenhalt auch vorher schon bestand.

Was aber verursacht die Zäsur der Entwicklung? Der entscheidende Schritt ist sicher die Initiative – man könnte auch sagen: die Chuzpe – der späteren Besitzer im Verhältnis zur Passivität und Gleichgültigkeit der anderen Passagiere. Dennoch steht am Anfang keineswegs ein offenkundiger und für alle sichtbarer Normbruch. Die Ausgangsregel der alten Ordnung lautete: »Wer zuerst kommt, mahlt zuerst«. Jeder, der einen Liegestuhl nutzen will, nimmt sich einen aus dem vorhandenen Stapel. Oder er wartet, bis ein Liegestuhl frei wird. Im ersten Akt der Besitznahme verhalten sich die Usurpatoren durchaus regelkonform; erst später deuten sie diese Regel für sich und die anderen in die neue Regel um: »Wer einmal zuerst gekommen ist, mahlt immer!« Der definitive Normbruch erfolgt erst mit dem Reklamieren eines *dauerhaften* Besitzanspruchs unter Ausschluss und Benachteiligung anderer möglicher Nutzer. Was dann kommt, beschreibt Popitz in folgenden anschaulichen Sätzen:

»Näherte man sich einem gerade freien Liegestuhl in irgend verdächtiger Weise, so wurde man durch Posen, Gesten und Geschrei der Auch-Besitzer zurückgewiesen. Die Abschreckungsaktionen waren so eindrucksvoll, dass ein handgreiflicher Konflikt nicht zustande kam. Sie wurden überdies im Laufe der Zeit noch dadurch bekräftigt, daß die Besitzenden ihre Liegestühle näher aneinanderschoben, bis sich schließlich Konzentrationen ergaben, die wehrhaften Wagenburgen glichen. Die gerade nicht besetzten Liegestühle wurden zusammengeklappt und dienten als Ringmauer.« (1992: 188)

Es gibt also einen *fließenden Übergang* von der einen Ordnung zur anderen, dem freilich die aggressive Durchsetzung der neu etablierten Regel auf dem Fuße folgt. Wenn die Nicht-Besitzer realisiert haben, dass die frühere Regel offenbar nicht mehr gilt (oder gelten soll), ist es für sie schon zu spät. Mit der gewaltsamen Etablierung der neuen Nutzungsnorm ist die Spaltung der Passagiere in Besitzer und Nichtbesitzer vollzogen.

Wichtig ist in diesem Zusammenhang vor allem die Verschiebung der territorialen Ordnung. Solange die Liegestühle nämlich nach Gusto platziert wurden und über das gesamte Schiffsdeck verstreut waren,[3] war das dauerhafte Freihalten eines unbesetzten Liegestuhls letztlich kaum zu verhindern. Erst als die neuen Besitzer sie wegtrugen und zu einer Art befestigter »Wa-

3 Oder, wie auf heutigen Kreuzfahrtschiffen üblich, in Serie nebeneinander aufgestellt sind – diese Anordnung entspricht zugleich der Serialität ihrer Benutzer.

genburg« formierten, war es ihnen möglich, einen ausschließlichen Besitzanspruch zu reklamieren und die neue Ordnung gegen vereinzelte Angreifer zu behaupten. Auch hier zeigt sich noch einmal die Problematik, dass zwischen Normkonformität und Normbruch mitunter schwer zu unterscheiden ist. Wenn es kein generelles Verbot dafür gibt, die Aufstellung der Liegestühle (zum Beispiel je nach Sonnenstand) zu verändern, so erfolgt der Normbruch erst mit dem Transport in die »Wagenburg«, also den gruppengeschützten Raum der Alleinbesitzer.

Im Übrigen muss man sich bei alledem klar machen, dass es sich beim Verhalten und den Handlungen der Akteure zuallererst um habituelle Einstellungen und gerade nicht um sorgfältig abgewogene Entscheidungen handelt, denen freilich sehr unterschiedliche kulturelle Grundprägungen (etwa des Territorialverhaltens) zugrunde liegen können. An den unmittelbaren Motiven der Akteure gibt es indes wenig Zweifel. Ich habe bereits an anderer Stelle (Paris 2003: 1191) darauf hingewiesen: Den Machtbildnern auf dem Schiff geht es nicht primär um Macht, sondern um Liegestühle. Der Hauptantrieb ihres Tuns ist Gier. Ihr Ziel ist das Erringen und die Verteidigung von Privilegien – ein Ziel, das sie ohne das Machthandeln der Usurpation allerdings nicht erreichen könnten. Der Machterwerb ist somit gleichsam die Nebenfolge ihres Strebens nach Privilegierung und dauerhaftem Besitz, und auch die Rekrutierung der Wächter gelingt ja nur über das Inaussichtstellen von Teilprivilegien.

Die Plastizität des Beispiels

Wohlgemerkt: Das alles sind nur Modifizierungen und Ergänzungen der Popitzschen Analyse, es sind gewissermaßen Stellschrauben, die den soziologischen Blick auf das Beispiel etwas verschieben können. Popitz hatte vor allem die Gegenüberstellung von kompakter, handlungsfähiger Gruppe und atomisierter, weithin widerstandsloser Masse mit all ihren psychischen und sozialen Konsequenzen im Sinn; seine Leitfrage war: Wie können aus ursprünglich Gleichen dauerhaft Ungleiche werden? Und tatsächlich können die größere Organisationsfähigkeit qua positiver Definition von Interessen und ein gesteigertes Selbstbewusstsein qua kollektiv gestütztem Legitimitätsglauben als entscheidende Mechanismen des Machterwerbs und, daran anschließend, der Konstitution von Herrschaft angesehen werden.

Dabei geht Popitz in gewissem Sinne durchaus reduktionistisch vor. Er reduziert die Komplexität der Situation auf eben diese Fragestellung, und es ist gerade die charakteristische Mischung von Anschaulichkeit und analytischer Klarheit, die den Text in der Lehre für anspruchsvolle Einführungsveranstaltungen stets prädestiniert hat. An ihm ließ sich gut demonstrieren, was es heißt, Soziologie als verstehende »und dadurch« (Max Weber) erklärende Wissenschaft zu betreiben.

Ich habe in meiner Lehre die Seminarsitzungen, in denen das Liegestuhl-Beispiel im Mittelpunkt stand, oftmals als eine Art Highlight erlebt. Selten waren die Studenten so sehr bei der Sache und so diskussionsfreudig. Auffällig war allerdings, dass in diesen Diskussionen die spezifischen Kontextbedingungen der Popitzschen Beispiele nur selten zur Sprache kamen. Charakteristisch für alle drei Beispiele ist ja, dass sie in sogenannten »kasernierten Kontexten« angesiedelt sind; auch für die Liegestuhl-Situation sind die Grundmerkmale der »totalen Institution Schiff« (vgl. Lisch 1976: 38 ff.) von zentraler Bedeutung. Das heißt: Die Allmacht und Sanktionskompetenz des Kapitäns sind unangetastet, und auch die anderen Mitglieder der Besatzung verfügen, so kann man unterstellen, gegenüber den Passagieren über gewisse Ordnungs- und Anweisungsbefugnisse. Dies wird jedoch bei Popitz bewusst ausgeblendet. Die vorgegebene Machtordnung der Institution spielt in seiner Analyse keine Rolle und hat nur die Funktion einer Randbedingung – erst dadurch ergibt sich der »Laborcharakter« der Situation –, so dass die Alternative, den Konflikt in einer erweiterten Figuration durch den Appell an eine überlegene Ordnungsmacht zu lösen und aufzulösen, von vorherein ausscheidet.[4]

Hier zeigt sich erneut, dass Popitz die Situation und Abläufe nur in einer bestimmten Perspektive rekonstruiert und andere Aspekte bewusst ausklammert. Dies ist im Hinblick auf den Illustrationscharakter des Beispiels und die Explikation der Grundtheoreme durchaus funktional;[5] es erweist sich bezogen auf die Behandlung in der Lehre jedoch in gewisser Weise als

4 Ich erinnere mich an den Einwurf einer Studentin, sie würde sich in einem solchen Fall einfach an die Reiseleitung wenden.

5 Tatsächlich war sich Popitz des konstruktiv-reduktionistischen Charakters seiner Darstellungen und Analysen stets bewusst. Erst die strikte Fokussierung der Fragestellung und die fortlaufende Spezifizierung der theoretischen Werkzeuge, die andere Dimensionen und Aspekte des Gegenstandes notwendig ausschließen, vermag brauchbares soziologisches Wissen hervorzubringen: »Jeder konzeptionelle Ansatz, der bestimmte Phänomene aufdeckt, deckt eben auch bestimmte Phänomene zu. Es gibt keine Möglichkeit, Begriffe zu bilden, die nicht zugleich auch immer Scheuklappen darstellen.« (Popitz 2011: 36)

Nachteil, sofern dadurch die volle Komplexität der Situation und mögliche andere Verzweigungen der Geschichte aus dem Blickfeld geraten.

Ein geringfügiges Verschieben der Situation kann das verdeutlichen. Man stelle sich vor, es gäbe eine bestimmte Standard-Anordnung der Liegestühle (meist um den Pool herum), die jedes Mal nach Sonnenuntergang vom Schiffspersonal wiederhergestellt würde. Die vorher herumgetragenen Liegestühle würden also wieder eingesammelt und in der alten Reihenordnung aufgestellt.[6] Mit anderen Worten: Die »Wagenburg« der Besitzer würde jeden Abend zerstört, die Usurpation der Liegestühle müsste also jeden Tag aufs Neue initiiert und durchsetzt werden. Damit wäre ihr kollektiver Zusammenhalt deutlich geschwächt, der ja die räumliche Nähe und die gegenseitige Unterstützung der »Bewacher« voraussetzt. Mit jeder Wiederholung würde der zunächst verdeckte Normbruch offensichtlicher, sodass eine frühzeitige Abwehrreaktion anderer Passagiere wahrscheinlicher würde, die die Repressionskräfte der Gruppe möglicherweise überstiege.

Die leicht veränderte Weichenstellung zeigt, dass es sinnvoll sein kann, die dargestellte Situation nicht nur als Beleg und Erläuterung der Theorieoperation anzusehen, sondern sie darüber hinaus in ihrer ganzen Bandbreite und (imaginierten) Komplexität für weitere Spezifizierungen und neue Fragestellungen zu nutzen. So habe ich in meinen Lehrveranstaltungen gute Erfahrungen damit gemacht, den Studenten bei der Behandlung des Popitz-Textes eine Reihe von Fragen und Aufgaben zum Beispiel im Hinblick auf das wahrscheinliche Vor- und Nachfeld zu offerieren, die sie nach einer gewissen Bearbeitungszeit beantworten sollten. Solche Fragen waren etwa: Was ermöglicht und begünstigt die Entstehung der Gruppenkohärenz? Wodurch erklärt sich die Hilflosigkeit der Nichtbesitzer über ihr Organisationsdefizit hinaus? Von welchen Gefühlen sind sie beherrscht und welche Legitimationsmuster (Rechtfertigungen) könnten sie für ihr Duldungsverhalten aufbieten? Und, last not least: Was müsste geschehen, um den bei Popitz beschriebenen Prozess rückgängig zu machen (Voraussetzungen für Umsturz und Revolution)?

Kurzum: Beispiele können nicht nur Beispiele sein. Man kann sie »ausufern« lassen und es kann soziologisch durchaus fruchtbar und interessant sein, nach anderen möglichen Entwicklungslinien und Resultaten zu fragen. Außerdem ist es natürlich sinnvoll, bei der Behandlung eines bestimmten

---

6 Da dies auf heutigen Kreuzfahrtschiffen oder in Ferienanlagen der Normalfall ist, beschränken sich ähnliche Konflikte zumeist auf individuelle, mitunter aber auch als kollektives Ärgernis empfundene Streitigkeiten um Belegsymbole (vgl. Vec 2025).

Gegenstandes auch nach Gegenbeispielen oder – mitunter noch ertragreicher – Grenzbeispielen zu suchen, die geeignet sind, die bisherigen theoretischen Annahmen und Konzepte zu überprüfen und gegebenenfalls zu differenzieren. Dies läuft am Ende auf jene Methode der »Selbstsubversion« hinaus, die Albert O. Hirschman (1996: 103 ff.) den Soziologen empfohlen hat. In jedem Fall sind wir in der Lehre gut beraten, es nicht an Beispielen (und unter Umständen auch: deren Ausschmückung) fehlen zu lassen. Heinrich Popitz wollte in seinen Vorlesungen die Studenten dazu befähigen, »soziologische Fragen zu sehen« (Popitz 2011: 349). An diesem anspruchsvollen Ziel hat sich auch die hier vorgelegte kleine soziologische Fingerübung orientiert.

Literatur

Farzin, Sina / Laux, Henning 2016: Gründungsszenen – Eröffnungszüge des Theoretisierens am Beispiel von Heinrich Popitz' Machtsoziologie. Zeitschrift für Soziologie, 45. Jg., Heft 4, 241–260.

Hirschman, Albert O. 1996: Selbstbefragung und Erkenntnis. München: Hanser.

Lisch, Ralf 1976: Totale Institution Schiff. Berlin: Duncker & Humblot.

Paris, Rainer 2003: Macht: Tun und Leiden. Überlegungen nach Popitz. In Jutta Allmendinger (Hg.), Entstaatlichung und soziale Sicherheit. Opladen: Leske + Budrich, 1188-1194.

Popitz, Heinrich 1968: Prozesse der Machtbildung. Tübingen: Mohr Siebeck.

Popitz, Heinrich 1992: Phänomene der Macht. 2. erweiterte Aufl., Tübingen: Mohr Siebeck.

Popitz, Heinrich 2011 [1966/67]: Allgemeine Soziologische Theorie. Hg. v. Jochen Dreher und Andreas Göttlich. Konstanz: Konstanz University Press.

Vec, Miloš 2025: Das Handtuch werfen. Frankfurter Allgemeine Zeitung vom 9. Juli 2025, N 3.

Soziologie, 55. Jg., Heft 1, 2026, S. 51–65

Ein Jahrhundert Untersuchungen zur »Lebensqualität«[1]

Wolfgang Glatzer

Die Entstehung des Lebensqualitätskonzepts

Der Begriff »Lebensqualität« wurde erstmals in England von Cecil A. Pigou (1920) im Kontext der Wohlfahrtsökonomie verwendet. Pigou unterschied unter anderem zwischen wirtschaftlichem und nicht-wirtschaftlichem Wohlergehen und betrachtete deren Spannungsverhältnis (Borja 2016), ein immer noch schwieriges Problem. Etwa zeitgleich veröffentlichte der Italiener Alfredo Niceforo sein Buch »Les indices numeriques de la civilisation et du progrès« (1921). »Er gilt als Begründer eines Ansatzes zur umfassenden Messung von Wohlergehen und Lebensqualität« (Sabbadini, Maggino 2018), was bis heute eine große Herausforderung darstellt. Die Idee eines »guten Lebens« ist uralt und war bereits in der klassischen griechischen Kultur und in den folgenden zwei Jahrtausenden ein Thema (Borja 2016). Es ist eine ungeklärte Frage, welche Beachtung die ersten Konzepte der Lebensqualität[2] in der Zeit der Weltwirtschaftskrise und des Zweiten Weltkriegs fanden. Bekanntermaßen

1 Diesen Artikel widme ich Wolfgang Zapf (25. April 1937 – 26. April 2018), meinem sozialwissenschaftlichen Mentor insbesondere für Sozialindikatoren- und Lebensqualitätsforschung. Die Übersetzung der englischsprachigen Originalfassung »A Century of Studies and Research on Quality of Life« nahm Erhard Neckermann mithilfe von Google Translator vor. Eine Frühfassung, die ich überarbeitet habe, ist auf »ISQOLS home« veröffentlicht. Für Kommentare zum ersten Entwurf danke ich den Forschungskollegen Valerie Møller, Alex Michalos und Kenneth Land.

2 In unterschiedlichen Kontexten wurden im englischsprachigen Forschungszusammenhang der Lebensqualität verschiedene Begriffe verwendet: *level of living, standard of living, human development, quality of life, well-being, good life, happiness, life satisfaction, life style, wellness, utility* und andere. Sie deuten auf teilweise unterschiedliche Konzeptualisierungen hin, verfolgen aber im Grunde ähnliche Zielsetzungen.

wurde das Konzept der Lebensqualität ab den 1960er Jahren im Kontext der Sozialindikatorenbewegung als alternative Zielvorstellung zu Wachstum und Wohlstand wiederbelebt (Land 2000; Glatzer 2012). Moderne Überlegungen zum *level of living* finden sich bereits Anfang der 1950er Jahre in Dokumenten der Vereinten Nationen (United Nations 1954).[3]

Das Konzept der Lebensqualität entwickelte sich im Laufe der Zeit aus einer Randexistenz zu einer breiten gesellschaftspolitischen Beachtung. Beispiele hierfür sind der ehemalige US-Präsident Lyndon B. Johnson (1964), der im Rahmen der Idee der Great Society *quality of life* und das Ende von Armut postulierte. Der deutsche Bundeskanzler Willy Brandt (1974) propagierte Lebensqualität in politischen Reden zum sozialen Fortschritt. Erhard Eppler, damals ein führender Sozialdemokrat in Deutschland, veröffentlichte 1974 ein Buch über das Spannungsfeld zwischen Lebensstandard und Lebensqualität. Die einflussreiche Gewerkschaft IG-Metall unter dem Vorsitz von Otto Brenner organisierte 1972 eine große Konferenz zum Thema Lebensqualität, veröffentlichte dazu mehrere Bände und betont bis heute, dass Lebensqualität herzustellen, die Aufgabe der Zukunft sei. Mit Blick auf politische Beeinflussbarkeit erhält in jüngerer Zeit die kommunale beziehungsweise lokale Lebensqualität stärkere Beachtung (Rablen 2012).

In den deutschen Sozialwissenschaften verfasste Wolfgang Zapf, der in der Sozialindikatorenbewegung aktiv war, die ersten Artikel in deutschen Fachzeitschriften über »Die Messung der Lebensqualität« (1972a), sowie »Soziale Indikatoren und Lebensqualität« (1972b). Im selben Jahr erschien in den USA der Band »The Human Meaning of Social Change« (Campbell, Converse 1972), der zentrale sozialpsychologische Aspekte für die Beobachtung sozialen Wandels hervorhob. Kenneth Land (2000) zeigt in seinem Handbuchartikel »Soziale Indikatoren«, dass die frühe Lebensqualitätsforschung einen Zweig der Sozialindikatorenbewegung darstellte. Grundlegende Ideen für Sozialindikatoren (Land 2000, Noll 2016) dienten als Quelle

3 Die zuständige UN-Kommission einigte sich darauf, »that the problem of levels of living must be approached in a pluralistic manner by analysis of various ›components‹ representing internationally accepted values (health, nutrition, education, etc.) and by the use of various statistical ›indicators‹ for these components (e.g., life expectancy rates, infant mortality rates, etc., as indicators of health). It was also agreed that, conceptually, ›non-material‹ as well as ›material‹ factors should be included in the definition of levels of living.« (United Nations 1954: vi) Allerdings hielt man damals nicht-materielle Komponenten aus wissenschaftlicher Sicht nicht für messbar.

und Orientierung für das Konzept der Lebensqualität.[4] In diesem Zusammenhang beteiligte sich die Organisation für wirtschaftliche Zusammenarbeit und Entwicklung durch Konferenzen und Veröffentlichungen an der Konzeptualisierung der Lebensqualitätsforschung (OECD 1974, 1976). So nahm die OECD auch eine Rekonstruktion der langfristigen historischen Entwicklung von Lebensqualität seit 1820 vor (OECD 2014). Die Vereinten Nationen führten im Anschluss an ihre frühen Debatten zum *level of living* das weltweit bekannte Konzept des Human Development und den dazugehörigen Index ein (United Nations 2020).

Messungen und Berichte zur Lebensqualität erfolgten schließlich auf allen Kontinenten und betonten dabei meist ihre eigenen Perspektiven und Ansätze. Besonders in Europa und nicht zuletzt in Skandinavien wurden langfristig unterschiedliche Wege eingeschlagen (Vesan, Poggi, Devicienti 2011). Regionale Ansätze waren teilweise unabhängig von der weltweiten konzeptionellen Diskussion und wurden mit großem Engagement entwickelt (Delhey et al. 2002; Abdallah, Stoll, Eiffe 2013). Auch in Afrika, wo weniger entwickelte Gesellschaften mit besonderen Herausforderungen konfrontiert waren, fand das Konzept der Lebensqualität Anklang (Møller, Roberts 2021). Die Faszination für das Konzept der Lebensqualität schwappte bald von West nach Ost durch Europa. So lud beispielsweise Rudolph Andorka (1997), der sich mit internationalen Gesellschaftsvergleichen beschäftigte, Wissenschaftler zu einer Konferenz nach Budapest ein, auf der der Stand der Lebensqualitätsforschung diskutiert wurde. In der zweiten Hälfte des letzten Jahrhunderts verbreitete sich das Konzept der Lebensqualität in viele Alltagssprachen, vor allem ins Englische, Deutsche, Französische und Russische (Szalai 1980).

Die Lebensqualitätsforschung bereicherte die Welt um eine Reihe innovativer Publikationen (Møller, Huschka, Michalos 2008). Bekannt wurden vor allem Länderberichte zur Lebensqualität. Erste Beispiele kamen aus den USA (Andrews, Withey 1976; Campbell, Converse, Rodgers 1976). Es wäre aufschlussreich, diese Studien nach fünfzig Jahren mit der heutigen gesellschaftlichen Lage zu vergleichen. In Deutschland wurde 1978 die erste große

4 Sozialindikatoren werden von Raymond Bauer (1966) wie folgt definiert: »Statistiken, statistische Reihen und alle anderen Formen von Beweismitteln – die es uns ermöglichen, unseren aktuellen Stand und unsere Entwicklung im Hinblick auf unsere Werte und Ziele zu beurteilen, spezifische Programme zu bewerten und ihre Auswirkungen zu bestimmen.« (zitiert nach den Qol-Forschern Møller und Roberts, 2024: 1).

Länderstudie durchgeführt (Glatzer, Zapf 1984),[5] die die Wahrnehmung der Lebensbedingungen der Gesamtbevölkerung, aber auch die Lebensqualität benachteiligter Gruppierungen untersuchte. Die Lebensqualität spezifischer Gruppen wie Kinder, ältere Menschen, Menschen im Berufsleben oder in Armut erlangte zunehmende Beachtung. Um 1995 schien die Zeit gekommen, lose Forschungsnetzwerke in relativ stabile Organisationen umzuwandeln:[6] Die *International Society for Quality of Life Research* (ISOQOL) und die *International Society for Quality-of-Life Studies* (ISQOLS) wurden im selben Zeitfenster etabliert. Die Entwicklung von Studien und Forschung zur Lebensqualität vollzog sich seit der Erfindung der Idee der Lebensqualität im Jahr 1920 in einem langfristigen Prozess der Differenzierung hin zur Notwendigkeit der Integration der vielfältigen Forschungsvorhaben, die durch die Gründung entsprechender Organisationen erfolgte und den Arbeits- und Forschungszusammenhang auf einen kontinuierlichen Entwicklungspfad führten.

ISOQOL, ISQOLS und andere Akteure

Die *International Society for Quality of Life Research* (ISOQOL) wurde 1994 gegründet. Ihre Mission ist heute »to advance the science of quality of life (QOL) and related patient-centered outcomes (PCO) in health research, care and policy«. Zu Beginn ihrer Existenz lautete ihr Zweck allgemeiner »to promote the exchange of information about QOL and its investigation throughout the world«.[7]

---

5 Das umfangreiche Projekt wurde im Rahmen des Sonderforschungsbereichs 3 »Mikro-analytische Grundlagen der Gesellschaftspolitik« durchgeführt, der von Hans-Jürgen Krupp und Wolfgang Zapf an den Universitäten in Frankfurt am Main und Mannheim geleitet wurde.

6 Meine eigene Beteiligung an diesen Prozessen erfolgte ausgehend von verschiedenen Positionen als Sprecher der Sektion Sozialindikatoren in der DGS von 1989 bis 1995, als Vorsitzender der Working Group Sozialindikatoren in der *International Sociological Association* zwischen 1998 und 2002 sowie als Präsident von ISQOLS (2003 – 2004). Ich habe an mehreren Treffen teilgenommen, bei denen Forscherinnen und Forscher aus verschiedenen Teilen der Welt die Vorbereitung einer internationalen Organisation für Lebensqualitätsstudien diskutierten, zum Beispiel in Bad Homburg, Budapest, Mannheim, Mexiko-Stadt und in Prince George. Dort in British Columbia traf ich Menschen aus aller Welt, die an einem internationalen Kooperationsforum für Lebensqualitätsforschung teilnehmen wollten. Überraschenderweise sind sie auch dreißig Jahre später noch meine Freunde und forschen in den jetzt bestehenden Organisationen zur Lebensqualität.

7 www.isoqol.org/who-we-are/, letzter Aufruf am 8. Oktober 2025.

Die Gründung der *International Society for Quality of Life Studies* (ISQOLS) erfolgte etwa ein Jahr später 1995[8] und in ihrer Satzung wurde erklärt, dass ihre Ziele darin bestehen, »to provide an organization through which all academic and professional researchers interested in QOL/well-being/happiness studies may coordinate their efforts to advance the field of QOL/well-being/happiness studies within various disciplines and sectors.«[9] Beide Organisationen ISOQOL und ISQOLS legen Wert auf praktische Bezüge und weisen weitreichende Schnittstellen auf. Sie wurden bald erfolgreiche Wissenschaftsorganisationen, die unter anderem durch folgende wichtige Merkmale gekennzeichnet sind:

1) Wissenschaftsorganisationen benötigen Zeitschriften für die Verbreitung von Wissen und die Kommunikation zwischen ihren Mitgliedern:

ISOQOL hat seine Wurzeln in der Fachzeitschrift *Quality of Life Research,* die seit 1992 erscheint und zunächst die offizielle Zeitschrift war. Um der Betonung der gesundheitsbezogenen Lebensqualität gerecht zu werden, wird seit 2017 eine zweite offizielle Zeitschrift mit dem Titel *Journal of Patient Reported Outcomes* (JPRO) herausgegeben.

ISQOLS erfüllt seit 2006 mit seiner offiziellen Zeitschrift *Applied Research in Quality of Life* den Bedarf seiner Mitglieder an Informationen über das Forschungsfeld und dem Austausch von Forschungsergebnissen. Schon zuvor gab es zwei mit ISQOLS verbundene Zeitschriften zum Thema Lebensqualität: *Social Indicators Research* (seit 1974) und das *Journal of Happiness Studies* (seit 2000).[10]

2) Um öffentliche Aufmerksamkeit zu erhalten und den Mitgliedern die Möglichkeit zu bieten, miteinander in Kontakt zu treten, spielen (oft jährlich vorgesehene) Konferenzen eine wichtige Rolle.

ISOQOL veranstaltete seine erste Jahreskonferenz 1994 in Brüssel. Es folgten weitere Konferenz, die 32. fand im Oktober 2025 in Milwaukee mit

---

8 Kollegen, die damals an der Gründung von ISQOLS beteiligt waren, darunter Joe Sirgy, bestätigten das Gründungsjahr 1995, das heute akzeptiert ist. Ich habe nur von einem einzigen Kollegen gehört, der Mitglied in beiden Organisationen ISQOLS und ISOQOL war, aber insgesamt schien eine klare personelle Trennung zu bestehen.

9 https://isqols.org/bylaws, letzter Aufruf am 8. Oktober 2025.

10 Der Entwicklungsverlauf von ISQOLS und ISOQOL scheint parallel, es gab jedoch offensichtlich auch Spannungen, wie aus der Entwicklung der Zeitschriften abgeleitet werden kann. Bis heute ist die bei Springer verlegte *Quality of Life Resaerch ein* offizielles Journal der ISOQOL. Somit war dieser naheliegende Titel für ISQOLS bei seiner späteren Gründung nicht verfügbar und *Applied Research for Quality of Life* wurde eingeführt.

dem aktuellen Thema »Künstliche Intelligenz und die Zukunft der Lebensqualitätsforschung« statt. ISQOLS veranstaltet meist jährliche Konferenzen in bedeutenden Städten wie Washington, Philadelphia, Frankfurt am Main, Berlin, Hongkong, Venedig und nicht zuletzt im südafrikanischen Grahamtown. In Zeiten gesellschaftlicher Krisen lautete der anspruchsvolle Titel der Konferenz im Juli 2025 in Luxemburg »Fortschritt neu definieren: Nachhaltiges Wohlbefinden für alle erreichen«.

3) Zentrale Organisationen sind oft notwendig, wenn der Managementaufwand zunimmt:

Die Leitung von ISOQOL lag stets beim Vorstand, begleitet von Ausschüssen und Arbeitsgruppen, die einen strategischen Plan für die Zukunft von ISOQOL entwickelten. Bemerkenswerterweise wird die Gesellschaft aktuell überwiegend von Frauen geführt. Die Mitgliederzahl wuchs auf über 1.100 an.

ISQOLS richtete aufgrund der wachsenden Arbeitsbelastung durch die steigende Mitgliederzahl und zusätzliche Aufgaben eine ständige Geschäftsstelle mit einer Geschäftsführerin ein, die alle Leitungsfunktionen wahrnimmt. Mittlerweile hat die Gesellschaft 900 Mitglieder aus fast 70 Ländern erreicht. Im Unterschied zur Parallelgesellschaft waren die Präsidenten und Vorstandsmitglieder von ISQOLS anfangs überwiegend männlich. Dies änderte sich jedoch langsam, und gegenwärtig gibt es eine Präsidentin und einen signifikanten Anteil weiblicher Vorstandsmitglieder.

4) Der Internetauftritt der Gesellschaften übernimmt wichtige Funktionen für die Kommunikation zwischen der Organisation und ihren Mitgliedern:

ISOQOL präsentiert sich auf einer professionellen Homepage, die sich auf die wichtigsten Informationen konzentriert und erklärt, »Wer wir sind«. Fotos der leitenden Mitarbeiter, angefangen bei der aktuellen Präsidentin Josephine M. Norquist, vermitteln einen persönlichen Eindruck.

Bei ISQOLS werden auf der Homepage vielseitige Aktivitäten vorgestellt. Die Grundideen von ISQOLS werden in zwei Video-Interviews der Gründergeneration präsentiert: Joseph Sirgy spricht über »Vision und Gründung« der Gesellschaft, Alex Michalos über »Ethik, Wohlbefinden, soziale Indikatoren, akademische und öffentliche Politik«. Auch die derzeitige Präsidentin Stephanie Rossow leistet einen Beitrag und unter dem Titel »Oral History« sind weitere 24 Interviews mit Mitgliedern der Gründergeneration von ISQOLS verfügbar.[11]

11 Zum Beispiel mit Ruut Veenhoven, Valerie Møller, Mahar Mangahas, Kenneth Land, Andrew Clark oder Robert Cummins.

5) Ausgewählte Publikationen der Mitglieder beider Organisationen werden auf den jeweiligen Webseiten präsentiert:

ISOQOL dokumentiert zwar nur wenige Publikationen, aber eine davon leistet einen bedeutenden Beitrag. Das »Dictionary of Quality of Life and Health Outcomes Measurement« (Mayo 2015) standardisiert über 500 Begriffe und fördert die sprachliche Kontinuität im Forschungsfeld. Das Wörterbuch ist in mehreren Sprachen verfügbar.

Im Kontext von ISQOLS wird größerer Wert auf Publikationen gelegt. Im Springer Nature-Verlag gibt es einen Beirat aus ISQOLS-Mitgliedern, der die Veröffentlichungen zur Lebensqualität begleitet. Besonders beachtenswert sind zusammenfassende, überblicksartige Bücher, darunter der von Kenneth Land, Alex C. Michalos und Joseph Sirgy herausgegebene Band »Handbook of Social Indicators and Quality of Life Research« (2012), das »Global Handbook of Quality of Life«, das ich 2015 zusammen mit Laura Camfield, Valerie Møller und Mariano Rojas herausgeben konnte, sowie die neuere Ausgabe des »Handbook of Quality of Life and Social Change«, herausgegeben von Cornelia C. Walther (2024). Die umfangreichste Bestandsaufnahme von Studien und Forschungen zur Lebensqualität bietet die »Encyclopedia of Quality of Life and Well-Being Research«, die auf 7.329 Seiten Wissen aus dem gesamten Bereich zusammenführt. Die erste Auflage wurde von Alex Michalos (2014) herausgegeben, die zweite Ausgabe editierte Filomena Maggino (2023). Eine weitere interessante Zusammenfassung der Lebensqualitätsforschung bieten die von Alex Michalos 2005 herausgegebenen »Citation Classics«.

Schließlich gibt es etliche weitere Aktivitäten von ISQOLS und ISOQOL wie Auszeichnungen für herausragende Artikel und Workshops zu Spezialthemen, die auf deren Internetseiten vorgestellt werden.

Im Bereich der Lebensqualitätsstudien und -forschung waren kaum zu übersehende weitere Akteure tätig: So befasste sich das Forschungskomitee 55 »Soziale Indikatoren« der International Sociological Association (ISA) oft mit der Lebensqualitätsforschung und zog beispielsweise das Konzept des *well-being* zur Analyse des weltweiten Krisenszenarios während der Corona-Pandemie heran (Suter, Chesters, Fachelli 2024). Weitere wichtige Beiträge kamen von globalen Leuchtturmprojekten wie der *World Data Base of Happiness* in den Niederlanden, organisiert von Ruut Veenhoven (1984, 2011), die weltweit alle relevanten Daten zu *happiness* sammelte. Auch der *World Happiness Report* (Helliwell et al. 2025) beobachtete das Glück auf der ganzen Welt und erstellte dazu Zeitreihen. In verschiedenen Ländern entstanden interessante Projekte, wie zum Beispiel die seit 1985 institutionalisierten *Social Weather Stations* auf den Philippinen von Mahar Mangahas (2024); die insbesondere von Walenty Ostasiewicz 2002 geleitete »Quality of Life Research«-Konferenzreihe in Polen (Ostasiewicz 2006) oder der südafrikanische Pionier der angewandten Lebensqualitätforschung Lawrence Schlemmer (Møller 2021). In Großbritannien haben vor allem Publikationen von Richard Layard (2005) sowie Layard und de Neve (2023) zur Popularisierung von Lebensqualität beigetragen. Es gibt so zahlreiche Beispiele für Untersuchungen zum Wohlbefinden in verschiedenen Nationen und Kontinenten (Glatzer et al. 2015), dass die umfangreiche Literatur zum Thema Lebensqualität kaum noch erfasst werden kann.

Ansätze in Studien und Forschung zur Lebensqualität

Lebensqualität ist ein vielseitiges Feld, das international unterschiedliche Forschungsansätze umfasst. Das Konzept wird als Teil verschiedener wissenschaftlicher Disziplinen betrachtet und oft als »interdisziplinäre«, »multidisziplinäre« oder »vergleichende Wissenschaft« konzipiert (Strack, Argyle, Schwarz 1991). Mehrere internationale Wissenschaften beanspruchen Lebensqualität als ihren Bestandteil und bringen dies in ihren Buchtiteln zum Ausdruck. Dazu gehören unter anderem

Psychologie: »The science of well-being« (Diener 2009), »The Psychology of Well-being« (Sirgy 2021),

Philosophie: »The Quality of Life« (Nussbaum, Sen 1993), »Philosophical Foundations of Quality of Life« (Michalos 2017),

Politikwissenschaft: »Good Governance and National Well-Being« (Helliwell 2014), »How Government Affects Wellbeing« (Layard, De Neve 2023),

Wirtschaftswissenschaften: »Happiness and Economics« (Frey, Stutzer 2002), »Economist's Lesson on Happiness« (Easterlin 2020),

Sozialwissenschaften: »Handbook of Social Indicators and Quality of Life« (Land, Michalos, Sirgy 2012), »Measuring Well-being and Societal Progress« (Giovannini, Hall, D'Ercole 2006),

Sozialpolitikforschung: »The Consequences of Social Policy for Subjective Well-Being« (Naoki 2022),

Statistik: »Dimensions of Well-being and their Statistical Measurement« (Ferrara, Martella, Vichi 2025), »Measuring Well-being and Progress« (D'Acci 2011),

Geschichtswissenschaften: »The History of the Idea of Quality of Life« (Borja 2016), »The Pursuit of Well-Being« (Estes, Sirgy 2017) oder auch

Umweltwissenschaften: »Ecosystems and Social Well-being« (Capistrano 2005), »Climate Change and Human Well-being« (Weissbecker 2011).[12]

Daneben etablierten sich eigenständige Ansätze, die große Beachtung finden: *happiness research* (Helliwell et al. 2025), *sustainability research* (Martinez, Mikkelsen, Philips 2021) oder *world suffering* (Andersson 2015).

Der gesundheitsbezogene Ansatz der Lebensqualitätsforschung (Fayers, Machin 2016; Khanna, Tsevat 2007)[13] ist sehr komplex und bedarf einer besonderen Erläuterung. Die gesundheitsbezogene Lebensqualität orientiert sich im Allgemeinen an den Auswirkungen der Gesundheit auf die Fähigkeit eines Menschen, ein erfülltes Leben zu führen. Sie befasst sich mit der Linderung verschiedener Gesundheitsdefizite, beispielsweise im Hinblick auf körperliche und geistige Behinderungen oder Einschränkungen. Besonders in Bezug auf Menschen mit chronischen, schweren oder leichten Erkrankungen stellt sich die Frage, wie gute Lebensqualität erreicht werden kann. Auch in Pflegeeinrichtungen, bei behinderten und verletzten Menschen und in jüngster Zeit bei Menschen, die von der Covid-19-Pandemie betroffen sind, wird die gesundheitsbezogene Lebensqualität berücksichtigt.

Es ist keine Überraschung, dass Lebensqualitätsstudien unterschiedliche Konzepte in der gesellschaftlichen Diskussion entwickelt haben: Ein Beispiel für die verwendeten Ziele ist das »gute Leben«, das Lebensqualität als das Maß an Gesundheit, Wohlbefinden und der Fähigkeit definiert, am Leben teilzunehmen und es zu genießen (Jenkinson 2025). Die WHO betont schon lange die Bedeutung von Gesundheit und erklärte: »Gesundheit ist ein Zustand vollständigen körperlichen, geistigen und sozialen Wohlbefindens« und nicht nur die Abwesenheit von Krankheit und Gebrechen (WHO 1946). Ein anderer Ansatz definiert Lebensqualität als »das Ausmaß, in dem objektive Bedürfnisse erfüllt werden« (Constanza et al. 2008).

---

12 Manchmal wird auch innerhalb der Sexualwissenschaften auf Lebensqualität Bezug genommen, aber im Allgemeinen wird Sexualität in der Lebensqualitätsforschung ignoriert. Dies ist vermutlich auf die unterschiedlichen Einstellungen zur Sexualität in den beteiligten Kulturen und Subkulturen zurückzuführen, die keine konsensuale Betrachtung zulassen.

13 Zur *health related quality of life* (HRQL) siehe auch www.isoqol.org/what-is-qol/.

Häufig wird auch Zufriedenheit als Indikator für Lebensqualität verwendet, wobei damit die Lebenszufriedenheit oder Zufriedenheit mit den Lebensbedingungen gemeint sein kann. Die Hypothese lautet hier, dass die Lebensbedingungen die Wahrnehmung und Zufriedenheit mit dem Leben auf die eine oder andere Weise beeinflussen (Land 1992).

Insbesondere einige Philosophen bevorzugen den *capability approach* (Nussbaum, Sen 1993) und plädieren dafür, Lebensqualität anhand von »Funktionen und Fähigkeiten« statt anhand von Ressourcen und Nutzen zu erfassen und zu messen. Ihr zentrales Anliegen für Wohlbefinden ist die individuelle Erreichbarkeit von *functionings* (Alkire 2012).

In skandinavischen Wohlfahrtsansätzen wird die dreigliedrige Konstellation von *Having, Loving and Being* als alternative Sichtweise auf Lebensqualität vorgeschlagen (Allardt 1993). Ruut Veenhoven entwickelte ein recht komplexes Konzept der Lebensqualität (2000), das sich aus vier Unterdimensionen zusammensetzt.

Übersicht: Vier Facetten der Lebensqualität

	Äußere Qualitäten	Innere Qualitäten
Lebenschancen	Lebensqualität der Umwelt	Lebensfähigkeit der Person
Ergebnisse des Lebens	Nutzen des Lebens	Wertschätzung des Lebens

Quelle: Veenhoven (2000: 4)

Die »Lebensqualität der Umwelt« bezieht sich auf die Lebensbedingungen, das heißt, wie eine bestimmte Umgebung die Entwicklung des Lebens eines Menschen fördert oder behindert. Die »Lebensfähigkeit der Person« beschreibt, wie gut Menschen in der Lage sind, mit den Problemen des Lebens umzugehen. Der »Nutzen des Lebens« soll den »wahren« Sinn des Lebens erfassen, also wie man selbst und nicht zuletzt auch andere den Nutzen des eigenen Lebens beurteilen würden. Und schließlich beschreibt der vierte Quadrant die subjektive »Wertschätzung des Lebens« im Sinne des subjektiven Wohlbefindens und der individuellen Lebenszufriedenheit (ebd.: 4 f.). Die Forschung zur Lebensqualität wird üblicherweise in objektive und subjektive Aspekte unterteilt (zum Beispiel Cummins 2000). Der eine Aspekt bezieht sich auf die objektive Realität, die von wissenschaftlichen Experten nach wissenschaftlichen Regeln definiert wird. Die subjektive Realität besteht aus der Wahrnehmung des Lebens, den Überzeugungen und Bewertungen von Menschen. Die eine Definition betont die Wahrnehmung der Lebensqualität durch die Menschen, die andere geht davon aus, dass Lebensverhältnisse unabhängig und objektiv existieren.

Diese Ansätze sind grundsätzlich unterschiedlich, doch es gibt nicht die Frage von richtig oder falsch; es ist vielmehr eine Frage der wissenschaftlichen Präferenzen und der Einstellungen zur Gesellschaft. Es bestehen immer Alternativen im Prozess der Benennung und Konstruktion von Realität, so auch bei der Lebensqualität.

Schlussbemerkung

Zusammenfassend lässt sich sagen, dass sich Studien und Forschung zur Lebensqualität innerhalb eines Jahrhunderts zu einem breiten, heterogenen, wissenschaftlichen, politischen und publizistischen Arbeitsfeld entwickelt haben. Der Innovation von 1920 folgte die langfristige weltweite Differenzierung und um 1995 setzten sich integrative Bestrebungen durch: die Organisationen. ISQOLS und ISOQOL waren seit ihrer Gründung um 1995 wichtige Akteure, aber auch andere internationale Organisationen spielten eine bedeutende Rolle. Im vergangenen Jahrhundert schien Lebensqualität ein erreichbares Ziel für die Verbesserung von Gesellschaften darzustellen. Im laufenden Jahrzehnt entstanden jedoch neue Herausforderungen durch Kriege, Krisen und Katastrophen. Nun ist es vor allem wichtig geworden, die Welt vor Not und Leid besser zu schützen, und Konzepte zur Verbesserung der Lebensqualität für die Zukunft zu bewahren. Grundsätzlich ist Lebensqualität ein kritisches, vielseitiges und nicht-militantes Konzept für die gesellschaftliche Zieldiskussion, die Dauerbeobachtung des sozialen Wandels und die Evaluierung von sozialem Fortschritt im Hinblick auf die Entwicklung der Menschheit und ihrer Individuen.

Literatur

Abdallah, Saamah / Stoll, Laura / Eiffe, Franz F. 2013: Quality of Life in Europe: Subjective Well-being. Luxembourg: Publication Office of the European Union.

Alkire, Sabina 2012: The capability approach to the quality of life. ILO. https://share.google/5el23vRCzuSvxXypl, letzter Aufruf am 11. November 2025.

Allardt, Erik 1993: Having, Loving, Being: An alternative to the Swedish model of the welfare research. In Martha Nussbaum / Amartya Sen (eds.). The Quality of Life. Oxford: Oxford University Press, 88–94.

Andersson, Ronald E. 2015: World Suffering and Quality of Life. Social Indicators Series 56, Dordrecht: Springer Science.

Andorka, Rudolph 1997: Ost-Mitteleuropa und die europäische Union. Ähnlichkeit und Verschiedenheit ihrer Gesellschaften. In Stefan Hradil / Stefan Immerfall (Hg.), Die westeuropäischen Gesellschaften im Vergleich. Opladen: Leske + Budrich, 549–578.

Andrews, Frank M. / Withey, Stephen B. 1976: Social Indicators of Well-Being: America's perceptions of life quality. New York: Plenum.

Bauer, Raymond A. 1966: Social Indicators. Cambridge, Mass.: MIT Press.

Borja, Lopez Noval 2016: The history of the idea of Quality of Life. In Luigo Bruno / Luigi Porta (eds.), Handbook of Research Methods and Applications in Happiness and Quality of Life. Cheltenham: Edward Elgar publishing, 153–175.

Brandt, Willy 1974: Über den Tag hinaus. Hamburg: Hoffmann und Campe.

Campbell, Angus / Converse, Philipp E. 1972: The Human Meaning of Social Change. New York: Russell Sage Foundation.

Campbell, Angus / Converse, Philipp E. / Rodgers, Willard I. 1976: Quality of American Life. Perceptions, Evaluation and Satisfactions. New York: Russell Sage Foundation.

Capistrano, Doris (ed.) 2005: Ecosystems and Human Well-being. Multiscale Assessments. Washington: Island Press.

Constanza, Robert et al. 2008: An integrative Approach to Quality of Life Measurement. Research and Policy. S.A.P.I.EN.S, vol. 1, no. 1, 1–10.

Cummins, Robert A. 2000: Objective and subjective Quality of Life: An Interactive Model. Social Indicators Research, vol. 52, no. 1, 55–72.

D'Acci, Luca 2011: Measuring Well-being and Progress. Social Indicators Research Series, vol. 104, no. 1, 47–65.

Delhey, Jan / Böhnke, Petra / Habich, Roland / Zapf, Wolfgang 2002: Quality of Life in a European Perspective: The EUROMODULE as a new instrument for comparative Welfare Research. Social Indicators Research, vol. 58, no. 1-3, 163–176.

Diener, Ed 2009: The Science of Well-Being. Social Indicators Research Series 37. Dordrecht: Springer Science.

Easterlin, Richard A. 2020: An Economist's Lessons on Happiness. Farewell dismal science! Cham: Springer.

Eppler, Erhard 1974: Maßstäbe für eine humane Gesellschaft. Lebensstandard oder Lebensqualität. Stuttgart: Kohlhammer.

Estes, Richard / Sirgy, M. Joseph 2017: The Pursuit of Human Well-Being – The Untold global History. Cham: Springer International Publishing.

Fayers, Peter / Machin, David 2016: Quality of Life – Analysis and Reporting of Patient-Reported Outcomes. 3rd edition. Chichester: Wiley Blackwell.

Ferrara, Carla / Martella, Franceska / Vichi, Maurizio 2016: Dimensions of well-being and their statistical measurements. In Giorgio Alleva / Andrea Giommi (eds.), Topics in Theoretical and Applied Statistics. Studies in Theoretical and Applied Statistics. Cham: Springer, 85–99.

Frey, Bruno / Stutzer, Alois 2002: Happiness and Economics: How the Economy and Institutions affect Human Well-being. Princeton: Princeton University Press.

Giovannini, Enrico / Hall, John / D'Ercole, Marco Mira 2006: Measuring Well-Being and Societal Progress. Paris: OECD.

Glatzer, Wolfgang 2012: Lebensqualität – Eine über Wachstum und Wohlstand hinausgehende gesellschaftliche Leitidee. Blätter der Wohlfahrtspflege, 159. Jg., Heft 4, 123–129.

Glatzer, Wolfgang / Camfield, Laura / Møller, Valerie / Rojas, Mariano 2015: Global Handbook of Quality of Life. Exploration of Well-being of Nations and Continents. Dordrecht: Springer Netherlands.

Glatzer, Wolfgang / Zapf, Wolfgang 1984: Lebensqualität in der Bundesrepublik – Objektive Lebensbedingungen und subjektives Wohlbefinden. Frankfurt am Main, New York: Campus.

Helliwell, John F. 2014: Good Governance and National Well-Being. OECD Working Papers on Public Governance no. 25. Paris: OECD Publishing.

Helliwell, John F. / Layard, Richard / Sachs, Jeffrey D. / De Neve, Jan-Emmanuel / Atkin, Lara B. / Wang, Shun (eds.) 2025: World Happiness Report. University of Oxford. Well-being Research Center.

Jenkinson Crispin 2025: Quality of Life. Encyclopædia Britannica. www.britannica.com/topic/quality-of-life. Last updated October 17, 2025.

Johnson, Lyndon B. 1964: The Great Society Speech, University of Michigan, May 22, 1964. https://www.youtube.com/watch?v=x4Qc1VM80aQ, letzter Aufruf am 11. November 2025.

Khanna, Dinesh / Tsevat, Joel 2007: Health-related quality of life – an introduction. American Journal of Managed Care, vol. 13, no. 9, S218–S223.

Land, Kenneth C. 2000: Social Indicators. In Edgar F. Borgatta / Montgomery Rhonda (eds.), Encyclopedia of Sociology. 2nd edition. New York: MacMillan, 2682–2690.

Land, Kenneth C. / Michalos, Alex C. / Sirgy, M. Joseph 2012: Handbook of Social Indicators and Quality of Life Research. Dordrecht: Springer.

Layard, Richard 2005: Die glückliche Gesellschaft. Frankfurt am Main: Campus.

Layard, Richard / De Neve, Jan-Emmanuel 2023: Wellbeing – Science and Polity. Cambridge: Cambridge University Press.

Maggino, Filomena (ed.) 2023: Encyclopedia of Quality of Life and Well-being Research. 2nd edition. Cham: Springer International Publishing.
Mangahas, Mahar 2024: Economic Well-Being in the Philippines: The Untold People's History. Paper presentation at the International Society for the Quality of Life Studies (ISQOLS) 2024 Conference: Human Happiness and Well-being in an Uncertain World. Kota Kinabalu, Malaysia.
Martinez, Javier / Mikkelsen, Claudia Andrea / Philips, Rhonda (eds.) 2021: Handbook of Quality of Life and Sustainability. Cham: Springer Nature.
Mayo, Nancy E. (ed.) 2015: Dictionary of Quality of Life and Health Outcomes Measurement. International Society for Quality of Life Research ISOQOL.
Michalos Alex C. (ed.) 2005: Citation Classics from Social Indicators Research. Dordrecht: Springer Netherlands.
Michalos, Alex C. (ed.) 2014: Encyclopedia of Quality of Life and Well-being Research. Dordrecht: Springer.
Michalos, Alex C. 2017: Philosophical Foundations of Quality of Life. Cham: Springer International Publishing.
Møller, Valerie 2021: Lawrence Schlemmer – South African Pioneer of Social Indicators and Applied Quality of Life Research. Applied Research in Quality of Life, vol. 16, no. 1, 461–466.
Møller, Valerie / Huschka, Denis / Michalos, Alex C. 2008: Barometers of Quality of Life around the Globe. Cham: Springer.
Møller Valerie / Roberts, Benjamin J. 2021: Quality of Life and Human Well-Being in Sub-Saharan Africa. Cham: Springer
Møller Valerie / Roberts Benjamin J. 2024: Brief History of Quality-of-Life Studies in South Africa. Milestones, Measures and Pioneers. Handout at the 1. Regional ISQOLS Conference in Africa. Johannesburg, 3–5 October 2024.
Naoki, Akaeda 2022: The Consequences of Social Policy for Subjective Well-Being: A New Paradox? LIS Working Paper Series No. 846, Luxembourg.
Niceforo, Alfredo 1921: Les indices numerique de la civilisation et du progrès. Paris: Edition Ernest Flammarion.
Noll, Heinz-Herbert 2016: Zur Geschichte der Sozialindikatorenforschung: Messung, Beobachtung und Analyse der Lebensqualität. In Presse- und Informationsamt der Bundesregierung (Hg.), Regierungsstrategie zur Lebensqualität in Deutschland. Diskussionsbeiträge des wissenschaftlichen Beirats. Berlin. 6–17.
Nussbaum, Martha / Sen, Amartya (eds.) 1993: The Quality of Life. Oxford: Oxford University Press.
OECD 1974: Subjective Elements of Well-Being. Paris: OECD.
OECD 1976: Measuring Social Well-Being – A Progress Report on the development of Social Indicators. Paris: OECD.
OECD 2014: How was Life? Global Well-Being since 1820. Paris: OECD.
Ostasiewicz, Walenty 2006: Towards Quality of Life Improvement. Wrocław: The Publishing House of the Wrocław University of Economics.
Pigou, Cecil A. 1920: The Economics of Welfare. London: MacMillan.

Rablen, Mathew D. 2012: The promotion of local well-being: a primer for policy-makers. Local Economy, vol 27, no. 3, 297–314.

Sabbadini, Linda Laura / Maggino, Filomena 2018: Quality of Life in Italian Official Statistics. Social Indicators Research, vol. 135, no. 3, 1043–1055.

Sirgy, M. Joseph 2021: The Psychology of Quality of Life. Well-being and positive mental health. 3rd edition. Cham: Springer International Publishing.

Strack, Fritz / Argyle, Michael / Schwarz, Norbert (eds.) 1991: Subjective Well-being. An interdisciplinary perspective. Oxford: Pergamon Press.

Suter, Christian / Chesters, Jenny / Fachelli, Sandra (eds.) 2024: Well-being During the Pandemic. Comparative Perspectives from the Global North and South. Social Indicators Research Series 90. Cham: Springer Nature.

Szalai, Alexander 1980: The meaning of comparative research on the quality of life. In Alexander Szalai / Frank M. Andrews (eds.), The Quality of Life. Comparative Studies. London: Sage, 7–24.

United Nations 1954: Report on International Definition and Measurement of Standards and Levels of Living. New York: United Nations.

United Nations 2020: United Development Insights. https://hdr.undp.org/data-center/country-insights#/ranks.

Veenhoven, Ruut 1984: Conditions of Happiness. Boston: D. Reidel.

Veenhoven, Ruut 2000: The four qualities of Life. Ordering concepts and measures of the good life. Journal of Happiness Studies, vol. 1, no.1, 1–39.

Veenhoven, Ruut 2011: World Data Base of Happiness. RatSWD Working Paper Series Nr. 169.

Vesan, Patrik / Poggi, Ambra / Devicienti, Francesco / Villosio, Claudia 2011: Quality of life in Europe: empirical evidences, Walqing working paper 2011/4.

Walther, Cornelia C. (ed.) 2024: Handbook of Quality of Life and Social Change. Individual and Collective Paths. Cham: Springer International Publishing.

Weissbecker, Inka (ed.) 2011: Climate Change and Human Well-being. Global Challenges and Opportunities. New York: Springer.

WHO 1946: Constitution of the World Health Organization as adopted by the World Health Conference. New York: WHO.

Zapf, Wolfgang 1972a: Die Messung der Lebensqualität. Zeitschrift für Soziologie. 1. Jg., Heft 4, 353–367.

Zapf, Wolfgang 1972b: Lebensqualität und soziale Indikatoren. Archiv für Wissenschaft und Praxis der sozialen Arbeit, 3. Jg., Heft 3, 267–297.

Call zu den Plenarveranstaltungen auf dem 43. DGS-Kongress 2026 in Mainz

Über die konkreten Termine der Plenen wird auf den Webseiten der DGS und des Kongresses informiert. Bitte senden Sie Ihr Exposé zur Bewerbung um einen Plenarvortrag (max. 5.000 Zeichen inkl. Leerzeichen) bis zum 31. März 2026 an beide Mitglieder der jeweiligen Jury. Von den zwei Vorträgen, die auf dem Kongress von einer Person gehalten werden können, darf höchstens einer ein Plenarvortrag sein. Pro Plenum sind insgesamt vier Vorträge zugelassen.

Das richtige Leben im falschen?

Die Zukünfte der Gesellschaft zwischen individuellem Optimismus und kollektiven Zukunftsängsten

Die Einschätzung ihrer persönlichen Zukunft weicht bei Menschen häufig von der Einschätzung zur Zukunft ihres Landes oder ihrer Kinder ab. Über Jahrzehnte hinweg sahen Menschen in Deutschland die Zukunft des Landes und der kommenden Generationen pessimistischer als ihre eigene. Erste Analysen deuten darauf hin, dass diese Differenzen seit den 2010er Jahren größer geworden sind. Eine solidere empirische Fundierung dieser vermeintlichen Divergenzen fehlt bislang ebenso wie eine gründliche Diskussion über die Ursachen sowie darüber, ob eine solche zunehmende Differenz auch auf unterschiedliche Lebensbereiche zutrifft. Außerdem wurde bisher wenig darüber diskutiert, welche Auswirkungen ein solcher Pessimismus auf gesellschaftliche Entscheidungen in Bereichen wie Familie, Bildung, Arbeitsmarkt und gesellschaftlicher Zusammenhalt hat.

Das Plenum versammelt Beiträge, die individuelle und kollektive Zukunftsaussichten und den Widerspruch zwischen individuellem Optimismus und kollektivem Pessimismus empirisch oder theoretisch-konzeptionell analysieren und mögliche Folgen für die Zukünfte der Menschen in Gegenwartsgesellschaften skizzieren. Dabei können unter anderem die folgenden Leitfragen im Fokus stehen:

- Welche unterschiedlichen Zukünfte konstruieren die Menschen?
- Welche Rolle spielen mediale Narrative in der Konstruktion gesellschaftlicher Zukünfte?

- Welche Ursachen lassen sich für eine zunehmende Divergenz persönlicher und kollektiver Zukunftsaussichten identifizieren?
- Wie verändert sich die Vorstellung vom »guten Leben« in einer ökologisch begrenzten Welt?
- Und welche Folgen hat es, wenn *das gute Leben* in einer schlechter werdenden Gemeinschaft zu führen ist?
- Wie beeinflussen individuelle Einstellungen und das persönliche Zukunftsempfinden unter verschiedenen theoretisch plausiblen Szenarien demografische und soziale Dynamiken?
- Wie verändern sich soziale Ungleichheiten durch verschiedene Zukunftserwartungen?
- Lassen sich Stimmungen von handlungsleitenden Bewertungen unterscheiden?
- Wie wirken sich kollektive Zukunftsängste auf politisches Handeln und demokratische Beteiligung aus?
- Welche Rolle spielt soziale Zugehörigkeit für zukunftsbezogene Handlungsfähigkeit?
- Wie kann soziologische Theorie Orientierung in Zeiten multipler Zukunftsunsicherheiten bieten?

Ausrichtende DGS-Sektionen:

Familiensoziologie	Soziale Ungleichheit und Sozialstrukturanalyse
Soziale Indikatoren	Modellbildung und Simulation

Jury:

Leonie Steckermeier	leonie.steckermeier@rptu.de
Katja Möhring	katja.moehring@uni-bamberg.de

Die gesellschaftlichen Zukünfte der Künstlichen Intelligenz

Künstliche Intelligenz ist eine durch und durch ›zukünftige‹ Technologie. Sie wird erstens in ganz unterschiedlichen gesellschaftlichen Bereichen als eine der wichtigsten Triebkräfte für technologischen und institutionellen Wandel in den kommenden Jahrzehnten gehandelt. Zweitens ist eine Welt, die von Artefakten mit menschenähnlicher Intelligenz bevölkert wird, schon seit geraumer Zeit ein wichtiger Aspekt in der kulturellen Imagination. Zudem ist die Projektion wahrscheinlicher Zukünfte durch die Extrapolation vergangener und gegenwärtiger Datenpunkte und Muster ein grundlegendes technologisches Prinzip maschinellen Lernens. Und nicht zuletzt wird ihr tatsächliches Potenzial als in der Zukunft liegend verhandelt, während die Nutzer:innen in der unmittelbaren Anwendung auf eine Vielzahl an praktischen Problemen stoßen.

KI hat sowohl in der Breite der Anwendungen als auch in der Tiefe der möglichen Auswirkungen enormes Potenzial zur Transformation der Gesellschaft. Während viele Bereiche der Gesellschaft in atemberaubendem Tempo daran arbeiten, diese ›Zukunftstechnologie‹ in ihre Gegenwart zu holen, gibt es auf Seiten der Wissenschaft einen fortlaufenden Reflexionsbedarf, der mit diesem Prozess medial-sozialer Vergegenwärtigung kaum Schritt halten kann. Zwar liegen empirische Studien und Fallanalysen zum Einsatz von KI mittlerweile in großer Zahl vor; es fehlen jedoch weithin generalisierende Analysen, die diese Befunde theoretisch integrieren und so zur Bestimmung langfristiger gesellschaftlicher Dynamiken beitragen.

Deshalb ist es die *Zielsetzung* dieser Plenarveranstaltung, über die bloße Beschreibung des Status quo hinauszugehen und systematisch das *transformative Moment dieser Zukunftstechnologie* und die verschiedenen *möglichen Zukünfte der KI in der Gesellschaft* in den Blick zu nehmen. Dabei geht es nicht allein um den Wandel gesellschaftlicher Institutionen durch den performativen Einfluss dieser Technologie auf gesellschaftliche Teilbereiche und Praktiken, sondern ebenso um die aktive Gestaltung und ›eigensinnige‹ Anwendung von KI durch ihre Hersteller:innen und Nutzer:innen, die diese Zukünfte mit hervorbringen. Das Plenum versteht sich deshalb als Einladung, empirisch informierte und theoretisch reflektierte Beiträge zu versammeln, die die Frage nach den zentralen Mechanismen der Transformation der Gesellschaft durch KI in verschiedenen Bereichen stellen und untersuchen.

Mögliche Leitfragen für das Plenum: Denkbar sind erstens Analysen, die sich der durch KI angestoßenen oder zu erwartenden Transformation bestimmter gesellschaftlicher Felder wie Arbeit und Wirtschaft, Bildung, Kunst, Politik und Öffentlichkeit, Recht und auch der Wissenschaft widmen. Welche Auswirkungen hat es in unterschiedlichen Arbeitsbereichen, wenn – insbesondere durch generative KI – jetzt auch Wissensarbeit zunehmend als technisch substituierbar gilt und professionelle Leistungen wie Rechtsberatung, medizinische Ersteinschätzungen, künstlerische und kunsthandwerkliche Tätigkeiten immer stärker mit KI-Outputs konkurrieren. Für die Wissenschaft – einschließlich der Soziologie selbst – stellt sich zudem die Frage, inwiefern die wahrheitsindifferente Textgenerierung durch große Sprachmodelle beispielsweise die Grenzziehung zwischen *Episteme* und *Doxa* gefährdet, aber auch welche Legitimation ihrer Erkenntnisse sie weiterhin für sich beanspruchen kann, wenn zentrale Praktiken der wissenschaftlichen Wissensproduktion – vom Literaturüberblick bis zum Peer Review – mit Unterstützung von LLMs durchgeführt werden. Allgemeiner ließe sich feldvergleichend erörtern, in welchem Verhältnis menschliche Expertise und digitale Informationssysteme stehen, wenn es um Bewertung, Verantwortungsübernahme und Erklärbarkeit in Entscheidungsprozessen geht. Was ändert sich, wenn verschiedene Abläufe und Leistungen technisierbar werden, ohne dass selbst Expert:innen genau nachvollziehen können, wie dies im Detail funktioniert? Welche Arbeitsteilung zwischen menschlichen und nichtmenschlichen Akteuren zeichnet sich ab und welche Folgen hat dies für professionelle und soziale Wissensbestände, gesellschaftliche Teilbereiche und die Beziehungen zwischen sozialen Feldern?

Zweitens soll es in der geplanten Plenarveranstaltung um Überlegungen zu umfassenden Kulturdynamiken gehen, die durch KI wahrscheinlicher werden. Was bedeutet es für die menschliche Existenz, sich in einem Gegenüber zu spiegeln, für das personale Identität nur ein optionales Feature im Nutzerinterface darstellt? Während anthropomorphe Deutungen häufig intuitiv vorgenommen und durch das Design bewusst nahegelegt werden, stellt sich für die Soziologie die Frage, inwiefern es legitim ist, KI-Anwendungen ebenfalls nach dem Schema von Akteuren zu begreifen. Welche Handlungsfähigkeit und Verantwortlichkeit kann, darf und sollte KI tatsächlich zugeschrieben werden? Und wie wird die kommunikative Herstellung von Selbstkonzepten und Individualität, Kollektivität und politischen Identitäten durch die »Massage« (McLuhan) der künstlichen Intelligenz transformiert? Darüber hinaus stellen sich Fragen nach der Vermittlung von lebensweltlichem und technisch vermitteltem Wissen. Droht eine schleichende Entmündigung durch KI, die sich etwa über eine allmähliche Degeneration von Kompetenzen und eine Entwertung lebensweltlichen und beruflichen Wissens vollziehen könnte – oder liegen in einer weitgehenden Demokratisierung des Zugangs zu intellektuellen Produktionsmitteln auch Chancen?

Drittens stellen sich Fragen der Reproduktion gesellschaftlicher Ungleichheit und der Verschiebung von (politischen) Machtkonstellationen. Einige wenige große Technologieunternehmen aus den USA und China treiben KI im Rahmen einer teils ausbeuterischen und wenig nachhaltigen globalen Arbeitsteilung voran. Sie gewinnen als globale Plattformen enorme Marktmacht, entscheiden über Nutzbarkeit und Zugangsmöglichkeiten und damit auch über die Distribution von Ressourcen und Lebenschancen. Subtilere Formen der Machtausübung entstehen, indem kulturelle Annahmen, normative Wertvorstellungen und gesellschaftliche Hierarchien in die technischen Grundlagen eingeschrieben werden und dadurch maßgeblich die Nutzung beeinflussen. Darüber hinaus bietet KI auch neue Möglichkeiten der aktiven politischen Steuerung und Kontrolle globaler Informationsströme. Die neuen digitalen Mittel werden zunehmend zu Governance-Zwecken eingesetzt, was vor dem Hintergrund der Zensur chinesischer Systeme, der endzeitlichen Rhetorik US-amerikanischer Tech-Milliardäre und ihrer teils ungelenken Versuche, über die von ihnen kontrollierten Sprachmodelle gezielt politisch-ideologischen Einfluss auszuüben, zu denken geben sollte. In Deutschland ist die geplante Einführung der US-amerikanischen Polizeisoftware *Palantir* ein aktuelles Beispiel dafür. Im Zuge dessen lassen sich auch Ansätze beobachten, klassische politische Verfahren durch das KI-gesteuerte ›Herauslesen‹ von Bürgerwillen und -bedürfnissen aus digitalen Daten zu ersetzen, was drängende demokratietheoretische Fragen aufwirft. Besondere gesellschaftliche Aufmerksamkeit erhalten aktuell KI-vermittelte Einflussnahmen auf öffentliche Informationsflüsse und Prozesse der Meinungsbildung bis hin zur klaren politischen Manipulation im Zusammenhang etwa mit neuen Strategien informationeller Kriegsführung.

Das Plenum soll ein Forum für solche und ähnliche Fragen bieten, um auszuloten, welche Grenzen sich aktuell verschieben und in welche Zukünfte uns dies führt.

Ausrichtende DGS-Sektionen:

Politische Soziologie	Soziale Ungleichheit und Sozialstrukturanalyse
Soziologische Theorie	Wissenschafts- und Technikforschung

Jury:

Fabian Anicker f.anicker@hhu.de
Anne K. Krüger anne.krueger@weizenbaum-institut.de

Imaginationen gesellschaftlicher Zukünfte

Seit der Neuzeit, so der Historiker Reinhart Koselleck in »Vergangene Zukunft«, richtet sich der gesellschaftliche Blick europäischer Gesellschaften auf die Zukunft. Seither wird Zukunft hier nicht mehr nur erwartet, sondern als gestaltbar erfahren. Die Zukunft ist in den modernen, westlichen Gesellschaften zu einem zentralen Bezugspunkt temporaler Orientierung geworden. Sie ist an die Stelle von Tradition und Schicksal getreten und entfaltet so eine spezifische gesellschaftliche Wirkmächtigkeit. Zugleich bleibt Zukunft – in diesen wie in allen anderen Gesellschaften – sowohl praktisch als auch epistemologisch unverfügbar. In diesem Spannungsfeld entfalten sich jene Praktiken, die Zukunft gleichwohl denk- und handhabbar machen sollen: Zukunft wird von Akteuren wie von Institutionen vorgestellt, imaginiert, entworfen und vorweggenommen, verhandelt und (in diesem Sinn) gestaltet. Gesellschaft, so lässt sich mit Cornelius Castoriadis darüber hinaus auch sagen, ›ist‹ stets die Vorstellung einer gesellschaftlichen Identität in der Zeit, die neben der Erzeugung einer Vergangenheit vor allem auch die einer Zukunft bedeutet.

Das Plenum richtet seinen Blick auf gesellschaftliche Imaginationen gesellschaftlicher Zukünfte. Willkommen sind Beiträge, die sich den Modi ihrer Hervorbringung widmen, oder den sozialen Funktionen und Effekten solcher Imaginationen. Unter welchen Bedingungen stabilisieren Imaginationen gesellschaftlicher Zukünfte soziale Ordnungen, und wann und wie wirken sie politisch mobilisierend? Dabei gilt es je spezifisch zu werden: Wie haben sich in der europäischen Vergangenheit Gesellschaften in der imaginativen Hervorbringung ihrer jeweiligen Vergangenheit, Gegenwart und Zukunft instituiert; wie gestalteten sie jeweils zum Beispiel den gesellschaftlichen Umbruch von religiös dominierten Diskursen der gesellschaftlichen Zeit hin zur Zukunftsorientierung und spezifisch ›modernen‹ Zukunftsimaginationen? Ebenso willkommen sind Beiträge, die zu (historischen) Zukünften in anderen, in außereuropäischen kulturellen Bedeutungssystemen und Gesellschaftsformen Auskunft geben: Wie verändern sich diese in dem Moment (und in den darauffolgenden, langen Jahrhunderten), in dem sich diese Gesellschaften mit der europäischen Moderne und/oder Kolonialmächten und deren Institutionen von Zeitlichkeit und Zukunft konfrontiert sahen? Nicht nur angesichts der ökologischen Krisen sowie der zunehmenden Relevanz planetarer Zeitlichkeit gilt es ebenso zu fragen, wie in den europäischen und außereuropäischen Gesellschaften gegenwärtig die je eigene Zukunft instituiert wird. Wie gestalten sich die Imaginationen von Zukunft in einer Gegenwart, in der die Visionen der europäischen Moderne grundlegend in Frage gestellt werden?

Von Interesse ist dabei je nicht nur die inhaltliche Ausprägung der Zukunftsvorstellungen in den verschiedenen Weltregionen und Zeiten, sondern auch, wie solche Vorstellungen (gegebenenfalls) global zirkulieren und lokal angeeignet werden. Damit rücken zugleich die Praktiken und die Prozesse des Imaginierens in den Blick, in denen kollektive Vergangenheiten, Gegenwarten und Zukünfte erstellt werden. Aus theoriegeleiteter Perspektive – wie derjenigen der Philosophischen Anthropologie (ansetzend am Menschen als Lebewesen), der Phänomenologie (ansetzend am subjektiven Bewusstsein), des Symbolischen Interaktionismus (ansetzend an den Bedeutungssetzungen wechselseitigen Handelns) oder der Systemtheorie (Gesellschaftsstruktur und Semantik) – ließe sich die Frage nach der Funktion gesellschaftlicher Imaginationen und nach den Modi ihrer Hervorbringung stellen. Imaginationen werden in solchen Ansätzen nicht nur als handlungsleitend oder soziale Praktiken begleitend verstanden, sondern auch als wesentliche Treiber gesellschaftlicher – zuletzt vor allem technologischer – Innovationen. Das Imaginieren gesellschaftlicher Zukünfte legitimiert entsprechendes Handeln in der Gegenwart und setzt somit Leitlinien für tatsächliche Entwicklungen, etwa über Formen der Planung und Projektion. Zugleich – und dies gerade vor dem Hintergrund apokalyptischer Zukunftsszenarien – wird die soziale Fantasie angerufen, um Horizonte des Möglichen auszuloten.

Wer imaginiert wie in welchen sozialen und kulturellen Kontexten welche Zukunftsvorstellungen, und mit welchen faktischen Folgen? Welche Gruppen beteiligen sich wie am Imaginieren gesellschaftlicher Zukünfte – und welche Rolle schreiben sie sich selbst und anderen in diesen Zukunftsnarrationen zu? Welche sozialisierende oder auch polarisierende Wirkung entfalten die Zukunftsimaginationen? Wie werden in diesen Prozessen Macht- und Ungleichheitsverhältnisse oder solche von Natur und Kultur, Gesellschaft und Technik (re-)produziert? Aber auch: Wie, mit welchen Techniken und ästhetischen Formen gewinnen je bestimmte Imaginationen an Plausibilität und Geltung und entfalten ihre affizierende Wirkung, während andere resonanzlos bleiben? Dabei wären – wie schon angedeutet – stets auch die symbolischen Modi und die kulturellen sowie medialen Techniken der Zukunftsimagination und ihrer Verbreitung (in Vergangenheit und Gegenwart) zu untersuchen: von Bildern, Erzählungen und Texten über Filme, Figuren und Memes bis hin zu statistischen Prognosen und ihren Darstellungen.

Schließlich ist die Soziologie selbst an der Hervorbringung gesellschaftlicher Zukünfte beteiligt. Entsprechend ließe sich danach fragen, welche Imaginationen von Zukünften sich in klassischen wie auch aktuellen soziologischen Theorien und Diagnosen finden. Welche Zukunftsvorstellungen transportieren soziologische Begriffe, Figurationen und Statistiken? Was bedeutet der Umgang mit Zukunft für die soziologische Imagination wie auch für die Außendarstellung soziologischer Forschung, in der soziologische AutorInnen und Werke ihrerseits Zukünfte der Gesellschaften imaginieren, denk- und handhabbar machen sowie wissenschaftlich plausibilisieren?

Verantwortlich im Vorstand:
Heike Delitz, Uta Karstein

Jury:
Silke Steets s.steets@tu-berlin.de
Tobias Schlechtriemen tobias.schlechtriemen@soziologie.uni-freiburg.de

Kapitalismus ohne Zukunft oder Zukunft ohne Kapitalismus?

Zukunftsentwürfe und Aspirationen im Kontext gegenwärtiger sozio-ökonomischer Umbrüche

Das von Polanyi beschriebene ambivalente Verhältnis von Kapitalismus und Demokratie wird derzeit vielerorts sichtbar. Die Ausweitung des Marktes in der neoliberalen Ära des Kapitalismus geht mit Macht und Vermögenskonzentration einher, kann längst nicht mehr zentrale Aufstiegsversprechen einlösen und zerstört soziale Sicherheiten. Damit untergräbt diese Form des Kapitalismus die Grundlagen der Demokratie und des gesellschaftlichen Zusammenhalts. Der weltweit erstarkende Rechtspopulismus bricht zunehmend mit den grundlegenden Prinzipien eines neoliberalen Kapitalismus und stellt Globalisierung und freien Handel in Frage. Die »unsichtbare Hand« des Marktes wird mehr und mehr durch die »starke Hand« autoritärer Regime ersetzt. Es scheint, als ob demokratische Institutionen immer weniger in der Lage seien, die sozialen Nebenfolgen der kapitalistischen Marktwirtschaft abzufedern, und damit an Legitimität verlieren. Zugleich fordern die multiplen Krisen – etwa Klima, demografischer Wandel, Migration oder disruptive Technologien – und die damit verbundenen strukturellen Umbrüche zentrale kapitalistische Leitideen wie Wachstum, Meritokratie und Massenkonsum heraus.

Das ambivalente Verhältnis von Kapitalismus und Demokratie berührt in entscheidender Weise auch, wie Gewinne und Lasten kapitalistischer Transformation verteilt sind. Zum einen ist der Zugang zu Ressourcen und die Verteilung von bezahlter wie unbezahlter Arbeit hochgradig vergeschlechtlicht, zum anderen geraten sozialstaatliche Umverteilungsmechanismen zunehmend aus dem Takt. Prozesse (post-)neoliberaler Privatisierung und Responsibilisierung nehmen alle Individuen in die Pflicht, Zukunftsrisiken individuell abzusichern, dabei wird einerseits der Zuständigkeitsbereich der Sozialpolitik delegitimiert, während sich anderseits patrimoniale und broligarchische Strukturen verfestigen und die Konzentration von Vermögen und Macht in männlich codierten Eliten absichern. Kapitalistische Zukünfte erscheinen damit doppelt strukturiert: durch die universale Ausweitung individueller Verantwortung einerseits und die fortdauernde Privilegierung exklusiver Eliten andererseits. Die Individuen stehen zunehmend in der Pflicht ihre Zukunft selbst abzusichern, haben dafür aber höchst ungleiche Ressourcen zur Verfügung. Während sich für die einen Prekarisierung und Zukunftsängste zuspitzen, lenken die anderen Kapitalströme und kontrollieren den Zugang zu Zukunftsvisionen.

In dieser Gemengelage der multiplen Umbrüche und sich verhärtenden sozialen Ungleichheiten wird die Reproduktion von Arbeitskraft, Gesellschaft und Natur zunehmend brüchig. Dies wirft die Frage auf, wie zukunftsfähig die aktuelle Iteration des Kapitalismus ist: Welche kapitalistischen Prinzipien, Praktiken, Arrangements und Institutionen gelten als erhaltenswert und wo werden Alternativen notwendig und entworfen? Wie wird sich das Verhältnis von Kapitalismus, Nationalstaat und internationalen Organisationen (wie der Europäischen Union) neu justieren? Wer wird in ökonomischen Zukunftsvisionen mitgedacht – und wer bleibt ausgeschlossen? Wer ist in der Lage, Kapitalismus in Zukunft einzuhegen und zu kontrollieren und wie? Welche kapitalistischen Verwerfungen motivieren Akteure, Wirtschaft, Arbeit und Gesellschaft neu zu denken – und welche Dysfunktionen vermögen sie zu ignorieren? Wo verhindert der real existierende Kapitalismus die Beschäftigung mit alternativen Zukünften? Wie wird das zukünftige Verhältnis zwischen Kapitalismus und Demokratie konzipiert? Und warum bleibt es leichter, sich das Ende der Welt vorzustellen, als eine Welt ohne Kapitalismus?

Die Plenarveranstaltung thematisiert, wie gesellschaftliche Akteure die Zukunft des Kapitalismus denken und aushandeln. Dabei sollen Zukunftsvorstellungen auf der Mikro-, Meso-, und Makroebene analysiert und ihre Verbundenheit diskutiert werden. Relevant sind Reflexionen über Zukunftsvorstellungen von Kapitalismus in Biographien und Familienerzählungen, in Unternehmensstrategien und den Visionen von Gewerkschaften, NGOs oder

Verbänden, ebenso wie in politischen und medialen Diskursen oder interorganisationalen Arenen. Von besonderem Interesse ist dabei eine transnationale, europäisch- oder global vergleichende Perspektive. Das Panel nimmt diese vielfältigen Vorstellungen in den Blick und fragt nach den Möglichkeitsräumen von, mit und jenseits gegenwärtiger kapitalistischer Logiken.

Ausrichtende DGS-Sektionen:

Organisationssoziologie	Arbeits- und Industriesoziologie
Sozialpolitik	Europasoziologie
Wirtschaftssoziologie	Frauen- und Geschlechterforschung

Jury:

Isabel Stamm	stamm@tu-berlin.de
Katharina Zimmermann	katharina.zimmermann@uni-hamburg.de

Simulation und Gesellschaft

Soziologie als experimentelle Zukunftswissenschaft

In einer Zeit tiefgreifender globaler Transformationen – von der ökologischen Krise über geopolitische Verschiebungen bis hin zur fortschreitenden Digitalisierung und dem Einsatz Künstlicher Intelligenz – steht die Soziologie vor der Herausforderung, nicht nur gesellschaftliche Gegenwart fortzuschreiben, sondern auch Zukünfte zu analysieren und experimentell zu erkunden. Der Mainzer Kongress versteht die Soziologie als Zukunftswissenschaft, die – wissenschaftlich fundiert und methodisch versiert – gesellschaftliche Möglichkeitsräume eröffnen kann. Dazu lassen sich verschiedene Verfahren oder Methoden des Faches einsetzen, die auf je spezifischen Datenformen, Methodologien und Wissenschaftsverständnissen beruhen.

Das Plenum diskutiert *Simulationen* als Werkzeuge zur Analyse der »Zukunft als Zukunft«: Simulationen erzeugen Szenarien, die soziale Prozesse in ihrer Kontingenz und Offenheit sichtbar machen; oder sie sind Modelle, um methodisch gesichert prognostisch Trends der Gegenwart in die Zukunft fortzuschreiben. In jedem Fall sind die differenten Simulationen und Modelle selbst Praktiken der Zukunftsproduktion, in ihnen wird Zukunft *hergestellt* – als artifizielle, empirisch informierte und methodisch erzeugte Welt. Solche Simulationen haben Folgen, sie wirken als mediale Formen, durch die Zukunft gesellschaftlich kommuniziert und politisch verhandelt wird (in

Politikberatung, Innovationsforschung oder Nachhaltigkeitsszenarien). Simulationen adressieren zentrale Fragen des Kongressprogramms: Wie wird Zukunft methodisch erzeugt und wie wird dies epistemisch gerechtfertigt, normativ bewertet und von welchen Institutionen und Akteuren auf welche Weise genutzt?

Das Plenum lädt dabei insbesondere dazu ein, soziologische *Verfahren* der Simulation gesellschaftlicher Zukünfte zu präsentieren und zu diskutieren: Verfahren der Computersimulation wie agentenbasierten Modelle (ABM), Mikrosimulationen, System-Dynamik-Modelle oder hybride Simulationen eröffnen neue methodische Perspektiven, da sie es ermöglichen, gesellschaftliche Dynamiken oder Zukünfte artifiziell zu erzeugen, indem sie dabei die Szenarien auf der Grundlage verschiedener Daten und Faktoren variieren, und so die möglichen oder zukünftigen Folgen von Interaktionen (beliebig vieler Interagierender) beobachten. Sie sind versuchsartige Formen der Wissensproduktion über das, was (noch) nicht empirisch zugänglich ist. Besonders im Fokus stehen hier Computersimulationen als Verfahren soziologischer Forschung: Modelle, mit denen gesellschaftliche Prozesse im Rechner nachvollzogen, zugleich variiert und damit virtuell beobachtbar gemacht werden können. Solche Simulationen gewinnen eine eigene epistemische Funktion: Sie dienen nicht der möglichst exakten Vorhersage (wie prognostische Verfahren es versuchen), es geht in ihnen vielmehr um eine Szenarien-basierte, und in diesem Sinn *explorative* Erkenntnis gesellschaftlicher Dynamiken, ihrer Möglichkeitsräume und Bedingungen. Willkommen sind Beiträge von Forschenden, die

- mit agentenbasierten Modellen, Mikrosimulationen, System-Dynamik-Modellen oder hybriden Simulationen arbeiten;
- gesellschaftliche Prozesse und ihre Zukunftsszenarien modellieren - etwa in Politik, Innovation, Organisation, Mobilität oder Klima;
- den epistemologischen Status von Simulationsexperimenten reflektieren – zwischen Realexperiment, Theorie und Empirie;
- und Simulationen als Orte des sozialen Lernens und rekursiven Explorierens verstehen.

Im Zentrum des Plenums steht die Frage, wie Simulationen gesellschaftliche Möglichkeitsräume erzeugen und erkennbar machen: Wie lassen sich soziale Prozesse in künstlichen Welten so modellieren, dass sie Einsichten über reale Gesellschaften und ihre Zukünfte ermöglichen? Und welche neuen

Formen von Wissen, Evidenz und Verantwortung entstehen, wenn Soziologie selbst zu einer explorierenden Zukunftswissenschaft wird? Das Plenum möchte damit die Debatte über Simulation als eine methodische Zukunft der Soziologie anstoßen. Es versteht sich als Brücke zwischen unterschiedlichen Strömungen – zwischen datengetriebener Modellierung, interpretativer Sozialforschung und soziologischer Theorie. Damit leistet es einen Beitrag zur Positionierung der Soziologie in einer Zeit, in der gesellschaftliche Zukünfte zunehmend durch algorithmische Modelle und digitale Szenarien mitgestaltet werden. Die Soziologie kann hier im Sinne des Kongressthemas *Zukunft als Experiment* begreifen – als reflexive Praxis, in der Wissen, Unsicherheit und Gestaltungskraft auf neue Weise miteinander verschränkt werden.

Verantwortlich im Vorstand:
Heike Delitz

Jury:
Petra Ahrweiler petra.ahrweiler@uni-mainz.de
Knut Petzold knut.petzold@hszg.de

Soziologie als Wissenschaft der Zukunft?

Methodologische und wissenspolitische Überlegungen

Zahlreiche, oft weitreichende und existentielle gesellschaftliche Entscheidungen und Planungen (in Politik, Medizin, Klimatologie, Wirtschaft und so weiter) stützen sich auf Wissensformen, die versuchen, die Zukunft darstellbar, erwartbar, kalkulierbar und bearbeitbar zu machen. Pandemie und Klimapolitik haben die herausragende politische Bedeutung und Dringlichkeit solcher Formen des Zukunftswissens in das öffentliche Bewusstsein gehoben. Dabei wurde auch sichtbar, dass neben den klassischen Formen statistisch verfahrender Prognosen neue Verfahrensweisen – der Simulation, der Modellierung und der Szenario-Planung – eine wichtige Rolle spielen (wie sie im Plenum ›Simulation‹ eigens zum Thema werden). Darüber hinaus sind es Digitalisierung und KI, die weitere Möglichkeiten datengetriebenem Zukunftswissens erzeugen.

In diesem Plenum soll es über je konkrete Prognosen und Szenarien und deren Methoden hinaus um methodologische und wissenspolitische Fragen gehen – um die Überlegung, dass ein solches Wissen stets auch eng mit Praktiken des Regierens und der politisch gesteuerten Transformation von Gesellschaft verbunden ist. Das Plenum will verschiedene Positionen in die Diskussion bringen: solche, die die politische Bedeutung von soziologischem Zukunftswissen affirmativ hervorheben und betonen; und solche, die eher eine kritisch-distanzierte Perspektive auf Soziologie als Zukunftswissenschaft einnehmen.

Angesichts multipler Krisen und Herausforderungen werden gegenwärtig Techniken der Imagination, des Designs sowie der Planung methodologisch und politisch neu bewertet. Zukunft drängt sich hier einerseits als epistemisches Objekt neuer und alter Wissensformen auf, und sie erhält andererseits im Kontext politischer Gestaltung und Planung auch eine neue Dringlichkeit. Die Soziologie hat als Wissenschaft also ein doppeltes Verhältnis zu dieser Neukonfiguration von Zukunftswissen und von epistemischen Zukunftspraktiken: Auf der einen Seite ist sie selbst durch die Möglichkeiten der Datafizierung, Simulation, Imagination und Modellierung methodologisch neu herausgefordert. Als empirische sozialwissenschaftliche Disziplin ist sie zugleich lange schon in Zukunftsprognosen involviert und bringt diese vielfältig hervor. Als »Public Sociology« hat sich das Fach darüber hinaus transdisziplinären Praktiken geöffnet, in denen wissenschaftliche Forschung einerseits, und politische Transformation andererseits über die Erzeugung von Zukunftswissen enger verknüpft werden. Soziologische Expertise wird dann (vielleicht mehr noch als bisher) zu einem wichtigen Teil der gesellschaftlichen Zukunftsbearbeitung – etwa mit Blick auf Fragen von Nachhaltigkeit, Gesundheitsprävention oder Demografie. Auf der anderen Seite nimmt die Soziologie auch weiterhin die Rolle einer Reflexionswissenschaft ein, die darauf abstellt, die je konkreten Formen, über die Vergangenheit, Gegenwart und Zukunft aufeinander bezogen werden, kritisch und mit Blick auf damit verbundene Politiken zu analysieren, also (in vergleichender wie historisch informierter) Absicht zu beschreiben, wie über gesellschaftliche Zukunftsvorstellungen und auf Zukunft bezogenen Wissenspraktiken gesellschaftliche Ordnungen entworfen und bearbeitet werden.

Das Plenum möchte diese doppelte Rolle der Soziologie als *Wissenschaft des Zukünftigen* diskutieren. Es greift damit das Themenpapier für den Mainzer Kongress auf, in dem es an zentraler Stelle heißt, der Kongress will »die Soziologie als Zukunftswissenschaft in doppelter Hinsicht […] aktivieren: als Disziplin, die Zukunft als Gegenstand empirisch und theoretisch untersucht, und als Fach, das selbst zukünftige Entwicklungen imaginiert, prognostiziert und modelliert«. Die Soziologie wird weiter als Disziplin vorgestellt, die selbst »Perspektiven auf alternative Entwicklungen und Utopien eröffnen kann.« Hieran anschließend lädt das Plenum zu Vorträgen ein, die

– die Soziologie selbst als wissenschaftliche Praxis der Erschließung von Zukunft verstehen, und auf die Bedeutung und Relevanz genuin soziologischen Wissens in den mannigfaltigsten Zukunftspraktiken reflektieren. Dabei geht es darum, über Einzelstudien hinaus die grundlegende Frage zu erörtern, welche Rolle die Soziologie für die gegenwärtige Dringlichkeit der Zukunft hat und haben kann.
– die historischen oder gegenwärtigen Formen soziologischen Zukunftswissens reflektieren und darauf abzielen, die sozialen, kulturellen und politischen Dimensionen dieses Zukunftswissens zu analysieren. Eingeladen sind auch Beiträge, die der Geschichte derartiger Wissenstechniken nachspüren und dies mit der Frage der Soziologie als Wirklichkeits- oder aber als ›Möglichkeitswissenschaft‹ verbinden.
– die methodologischen und wissenspolitischen Grenzen derartiger Wissensformen reflektieren: Welche Verzerrungen oder welcher Bias gehen mit welchen Methoden der Vorhersage einher, und welche gesellschaftliche Verantwortung hat eine sich als Zukunftswissenschaft verstehende Soziologie? Damit verbunden wäre auch zu fragen, was hier eigentlich genau als ›Zukunft‹ erfassbar gemacht wird – und was gerade nicht, angesichts der unhintergehbaren Unvorhersehbarkeit von Zukunft.

Verantwortlich im Vorstand:
Heike Delitz

Jury:

Lars Gertenbach	lars.gertenbach@uni-osnabrueck.de
Ute Tellmann	tellmann@ifs.tu-darmstadt.de

Informationen zur Ausrichtung einer Ad-hoc-Gruppe

Der Vorstand der Deutschen Gesellschaft für Soziologie und die Mainzer Organisator:innen freuen sich über Anträge auf die Ausrichtung einer Ad-hoc-Gruppe.

Bitte reichen Sie Ihren Antrag zwischen dem 1. und 28. Februar 2026 online (voraussichtlich) über die Konferenzplattform Conftool ein und beachten Sie dazu die Informationen auf unserer Homepage. Eine Einreichung nach dem Ablauf der Frist ist leider nicht möglich.

Bitte stellen Sie möglichst konkret und prägnant dar, worum es in der Ad-hoc-Gruppe gehen soll. Aus dem Antrag auf die Ausrichtung einer Ad-hoc-Gruppe sollen folgende Punkte deutlich hervorgehen:

- die besondere Aktualität oder Relevanz des Themas
- die methodischen und theoretischen Bezüge der Sitzung/des Themas
- die Passung des geplanten Programms (zum Beispiel Vorträge, Podiumsdiskussion) zur Sitzungsdauer (2 Stunden und 45 Minuten).

Bitte nennen Sie außerdem gegebenenfalls bereits angefragte Referent:innen nebst ihren geplanten Vortragsthemen. Die Nennung von Referent:innen ist erwünscht, allerdings keine notwendige Voraussetzung für die Bewilligung Ihres Antrags. Der Antrag darf maximal 5.000 Zeichen umfassen. Bitte beachten Sie, dass es diesmal – in Anlehnung an die ursprüngliche Idee der Ad-hoc-Gruppen – nicht mehr Voraussetzung ist, sich auf das Kongressthema zu beziehen, sondern vor allem die besondere Aktualität oder Relevanz des Themas für das Fachs beachtet werden soll.

Bitte denken Sie daran, dass die Organisator:innen einer Ad-hoc-Gruppe Mitglieder der DGS sein müssen. Beachten Sie außerdem, dass die Organisator:innen der Ad-hoc-Gruppe unter dem Reiter »Vortragende« eingetragen werden müssen. Angefragte Referent:innen können Sie im Antrag oder unter den Anmerkungen an das Programmkomitee nennen.

Leider kann nur eine begrenzte Zahl an Ad-hoc-Gruppen zum Kongress zugelassen werden. Wie auf der Mitgliederversammlung bereits verkündet, gilt ab diesem Kongress, dass jedes Mitglied nur einen Antrag einreichen darf. Über Annahme oder Ablehnung entscheidet der Vorstand der DGS in Zusammenarbeit mit den lokalen Organisator:innen bis Ende März 2026. Im Fall der Annahme Ihres Vorschlags müssen Namen der Referent:innen, Vortragstitel sowie die Abstracts bis zum 11. Mai 2026 (voraussichtlich) über

Conftool eingereicht werden. Weitere Informationen erhalten Sie nach dem Bescheid über Annahme/Ablehnung Ihrer Ad-hoc-Gruppe.

Zugunsten einer möglichst breiten Vielfalt werden pro Person insgesamt höchstens zwei Vorträge auf dem Kongress zugelassen. Die reine Veranstalterschaft mit nur einführenden Worten ist hiervon ausgenommen. Die jeweiligen genauen Timeslots auf dem Kongress werden Anfang Juni 2026 durch die lokalen Organisator:innen zugewiesen.

Ausschreibung der beim 43. Kongress der DGS 2026 in Mainz zu verleihenden Preise

Preis für herausragende Abschlussarbeiten

Dieser Preis wird für zwei herausragende Diplom- oder Masterarbeiten im Hauptfach Soziologie vergeben, die seit dem 12. Mai 2024 begutachtet wurden. Nominierungen erfolgen durch die wissenschaftlichen Betreuerinnen und Betreuer oder durch andere Personen, die die Abschlussarbeiten gut kennen. Per E-Mail einzusenden sind das ausgefüllte Antragsformular, ein Exemplar der Arbeit als pdf-Datei (nicht in gedruckter Form!), das Curriculum Vitae der Absolventin beziehungsweise des Absolventen und eine kurze Begründung der Nominierung. Die Fachgutachten aus dem Prüfungsverfahren müssen ebenfalls beigefügt sein. Der Preis für herausragende Abschlussarbeiten ist mit je 500 Euro dotiert. Mit dem Erhalt dieses Preises ist die Möglichkeit der Veröffentlichung eines Beitrags zur prämierten Arbeit in der SOZIOLOGIE verbunden.

Dissertationspreis

Dieser Preis würdigt zwei herausragende Dissertationen, die seit dem 12. Mai 2024 begutachtet wurden. Nominierungen erfolgen durch die wissenschaftlichen Betreuerinnen und Betreuer oder durch andere Personen, die die Dissertation gut kennen (ausgenommen sind Mitarbeiter*innen des herausgebenden Verlags). Per E-Mail einzusenden sind das ausgefüllte Antragsformular, ein Exemplar der Dissertation als pdf-Datei (nicht in gedruckter Form!), das Curriculum Vitae der/des Promovierten und eine kurze Begründung der Nominierung. Die Fachgutachten aus dem Prüfungsverfahren müssen ebenfalls beigefügt sein. Der Dissertationspreis ist mit je 1.000 Euro dotiert. Mit dem Erhalt dieses Preises ist die Möglichkeit der Veröffentlichung eines Beitrags zur prämierten Arbeit in der SOZIOLOGIE verbunden.

René-König-Lehrbuchpreis

Dieser Preis würdigt das beste Lehrbuch, das nach dem 12. Mai 2024 erschienen ist. Nominierungen müssen das ausgefüllte Antragsformular, ein digitales Exemplar des Lehrbuchs, das Curriculum Vitae der Autorin/Herausgeberin oder des Autors/Herausgebers sowie eine kurze Begründung der Nominierung enthalten und per E-Mail eingereicht werden. Selbstnominierungen sind möglich. Der Preis ist mit 500 Euro dotiert.

Thomas A. Herz-Preis für qualitative Sozialforschung

Prämiert werden soziologische Arbeiten, die einen innovativen Beitrag zur qualitativen Sozialforschung und zur empirisch fundierten Theoriebildung leisten. Die auszuzeichnende Person sollte zwei wissenschaftliche Monographien verfasst oder sich nach der Promotion über einschlägig publizierte Aufsätze weiterhin wissenschaftlich ausgewiesen haben und in den Forschungsarbeiten auch Bezug auf Gesellschaften des »globalen Südens« genommen haben. Der Preis wird in der Regel an Wissenschaftler*innen verliehen, die noch nicht auf eine Lebenszeitprofessur berufen wurden. Nominiert werden können Personen, die an einer deutschen Universität oder Hochschule beschäftigt sind. Vorschlagsberechtigt sind habilitierte Wissenschaftler:innen, die ihren Vorschlag in einem ca. 2-seitigen Würdigungsschreiben begründen und einen akademischen Lebenslauf (einschließlich Publikationsliste) der nominierten Person per E-Mail einreichen müssen. Einzureichen ist außerdem ein Exemplar der letzten Monographie beziehungsweise derjenigen Publikation, die den genannten Kriterien am nächsten kommt. Selbstnominierungen sind nicht möglich. Der Thomas A. Herz-Preis für qualitative Sozialforschung wurde gestiftet von Claudia und Trutz von Trotha und ist mit 5.000 Euro dotiert.

Alle Preise werden auf dem 43. Kongress der DGS in Mainz verliehen. Die konkreten Termine, an denen die Preise übergeben werden, können Sie in Kürze der Kongresshomepage entnehmen.

Das Nominierungsformular erhalten Sie von Marcel Siepmann, dem Leiter der DGS-Geschäftsstelle, an den Sie dann bitte Ihre Nominierung ausschließlich digitalisiert (pdf-Datei) senden: marcel.siepmann@kwi-nrw.de.

Einsendeschluss zur Nominierung für die oben aufgeführten Preise ist der 12. Mai 2026.

Termine zum 43. Kongress der DGS 2026 in Mainz

Deadlines für Plenar-, Sektions- und Adhoc-Veranstaltungen

28.02.2026	Anträge auf Ad-hoc-Gruppen (die Einreichung der Anträge ist ab 01.02.2026 möglich)
Ende März 2026	Benachrichtigung der Ad-hoc-Gruppen über Annahme oder Ablehnung
31.03.2026	Bewerbungen auf die Calls zu den Plenarveranstaltungen. Bitte per E-Mail an die jeweiligen Juror:innen
11.05.2026	Meldungen von Referent:innen, Vortragstitel und Zusendung der Abstracts für Plenar-, Sektions-, und Adhoc-Veranstaltungen

Kongressanmeldung

01.04.2026	Beginn der Anmeldephase
31.05.2026	letzter Tag der Anmeldungen zum Early-Bird-Tarif

Informationen zum Ende der Online-Anmeldephase, zum Procedere der Einreichung wie zu eventuellen Terminänderungen finden Sie rechtzeitig auf der Homepage des Kongresses.

Aus der Vorstandsarbeit

Liebe Mitglieder der Deutschen Gesellschaft für Soziologie,

beginnen möchte ich an dieser Stelle zunächst mit einem Dank für einen rundum gelungenen Soziologiekongress in Duisburg! Dies geht vor allem auf das Konto des Duisburger Teams rund um Helen Baykara-Krumme, Katrin Rinaldi, Eva Depenbrock und Anette Schönborn sowie des Orgateams mit Anne Walter, Sarah Molodet und Mariana Rodrigues Kutenski. Es war großartig, was ihr dort auf die Beine gestellt habt!

Wir konnten über 2.000 Besucher:innen auf dem Duisburger Campus der Universität Duisburg-Essen begrüßen (auch ihr gilt unser Dank!). Wir bedanken uns aber auch bei unseren Gästen, wie zum Beispiel bei Lena Gorelik, die einen beeindruckenden Eröffnungsvortrag hielt, bei den Keynote Sprecher:innen Dipesh Chakrabarty, Gisèle Sapiro, Michèle Lamont und Mario L. Small, bei den Preisträger:innen der Redaktion von Soziopolis, die unseren Kongress durch zahlreiche Beiträge begleitete, sowie bei Steffen Mau für seinen pointierten Abschlussvortrag im Duisburger Audimax! Wir danken auch der Thyssen-Stiftung, die wieder Preise für die besten Zeitschriftenaufsätze vergeben hat.

Leider ist Elisabeth Beck-Gernsheim, der auf dem Kongress noch der Preis für ihr wissenschaftliches Lebenswerk verliehen wurde, schon wenige Wochen darauf verstorben. Wir drücken den Hinterbliebenen unser Mitgefühl aus. Eine ausführliche Würdigung von Paula-Irene Villa Braslavsky wird in der kommenden Ausgabe der SOZIOLOGIE erscheinen.

Eine wichtige Rolle spielte beim Kongress auch die Debatte über die Suspendierung der ISS durch die ISA. Der Präsident der ISA, Geoffrey Pleyers, war beim Kongress anwesend, und wir haben ad hoc eine Veranstaltung mit ihm anberaumt. Die Veranstaltung war gut besucht und der Sache entsprechend kontrovers, aber sachlich. Es gab in der Zwischenzeit mehrere Online Meetings von Vertretern der nationalen Assoziationen der ISA wie auch der ESA. Auch wenn der Tenor in beiden Verbänden in Richtung Boykott geht, gibt es doch mehrere nationale Verbände, die sich gegen die Suspendierung der ISS aussprechen und darin eine Schwächung der Zivilgesellschaft sehen. Wir werden weiter in verschiedenen Kontexten darüber debattieren.

Nicht erst auf diesem Kongress, aber auch dort haben wir Wege diskutiert, um die quantitativ Forschenden in der DGS besser zu repräsentieren. Wir hatten dazu eine gut besuchte informelle Veranstaltung in Duisburg und werden diese Gespräche im kommenden Jahr weiterführen. Im Programm des Mainzer Kongresses wird sich das bereits niederschlagen und hoffentlich mittelfristig zu einer besseren Balance methodischer Ansätze in der DGS (auch in den Gremien) führen.

Vom 28. September bis zum 2. Oktober 2026 laden wir Sie herzlich ein, an der Johannes Gutenberg-Universität (JGU) gemeinsam über *Zukünfte der Gesellschaft* zu diskutieren (das Themenpapier dazu erschien bereits im letzten Heft). Die Ausschreibungen zu den Plenen und den Ad-hoc-Gruppen finden Sie in der vorliegenden Ausgabe ab Seite 66, auf der Homepage der DGS und bald auch auf der des Kongresses. Nach Mainz kehren wir wieder in den gewohnten zweijährigen Rhythmus zurück – der übernächste Kongress wird somit 2028 stattfinden.

Aber auch jenseits der Kongresse ist die DGS nicht untätig. So plant die Ethikkommission der DGS und des Berufsverbandes Deutscher Soziologinnen und Soziologen (BSiD, früher BDS) eine digitale Veranstaltungsreihe, die Anfang 2026 starten soll und momentan unter dem Arbeitstitel *Forschungsethik im Gespräch* firmiert. Ziel ist es, aktuelle Herausforderungen der Forschungsethik in der Soziologie zu diskutieren, systematisch zu reflektieren und in Hinblick auf den Ethik-Kodex von DGS und BSiD zu prüfen, ob und wo Weiterentwicklungen sinnvoll erscheinen. Themen werden unter anderem Wissenschaftsfreiheit im Kontext politischer Angriffe sowie ethische Fragen von KI-Anwendungen sein.

Herzliche Grüße, auch im Namen der Vorstandskolleginnen,
Monika Wohlrab-Sahr

Auf ihrem 42. Kongress hat die DGS 2025 zwei Masterarbeiten und zwei Dissertationen im Fach Soziologie als herausragende Abschlussarbeiten ausgezeichnet. Wir möchten Ihnen diese Arbeiten in der SOZIOLOGIE vorstellen. In diesem Heft präsentiert Elena Erstling eine Kurzfassung ihrer Masterarbeit.

Nicht-Binarität als Kategorie ›in the making‹

Eine qualitativ-rekonstruktive Analyse affektiv-leiblichen Erlebens einer entstehenden Personenkategorie.

Elena Erstling

> »›The Code‹ handelt von der Reise, die ich mit der Erkenntnis begann, dass ich weder ein Mann noch eine Frau bin. […] Aber nichts fühlt sich besser an als die Freiheit, die ich durch die Erkenntnis gewonnen habe, dass ich nicht-binär bin.«
> (Nemo, ESC-Gewinner*in 2024)

Im Sommer 2024 gewinnt Nemo den Eurovision Song Contest und spricht hier über die Bedeutung des Siegertitels ›The Code‹. Nemo thematisiert eine Reise hin zur »Erkenntnis«, nicht-binär zu sein. Wenige Monate später löst das Selbstbestimmungsgesetz das »in wesentlichen Teilen verfassungswidrige Transsexuellengesetz« ab (BMJV 2024). Mit beiden Ereignissen erlangt Nicht-Binarität als Möglichkeit geschlechtlicher Identifikation eine breitere Öffentlichkeit. In der taz wird schließlich gefolgert: »Nemos Sieg hat dazu geführt, dass sicherlich mehr Menschen als vorher wissen, was sich hinter Nicht-Binarität versteckt.« (Reiß, Sittenauer 2024)

Doch ist es wirklich so klar, was Nicht-Binarität ist? Wie kommt es bei einer Reise wie Nemos zu der ›Erkenntnis‹, nicht-binär zu sein? Diesen, bislang innerhalb soziologischer Forschung nur angerissenen Fragen bin ich im Rahmen meiner Masterarbeit nachgegangen. Dabei konnte ich die Entwicklung, dass sich eine wachsende Gruppe an Personen selbst weder (ausschließlich) als männlich noch (ausschließlich) als weiblich beschreibt (Monro 2019), auf der Ebene des affektiv-leiblichen Erlebens empirisch fassen und theoretisch verorten. Ich habe herausgestellt, dass sich die geschlechtliche Personenkategorie »nicht-binär« aktuell in einem Entstehensprozess befindet. Sie stellt einen historisch jungen Möglichkeitsraum geschlechtlichen Erlebens dar. Im Folgenden skizziere ich die theoretische Fundierung, mein Vorgehen und die resultierende Analyse.

Geschlecht als affektiv-leibliche Konstruktion

Den theoretischen Hintergrund meiner Forschung bildet Gesa Lindemanns Konzeption von Transsexualität und Geschlecht als affektiv-leibliche Konstruktion (2011; 1993). Dieses Konzept lässt sich in großen Teilen auch auf ein Erleben als und die »Geschlechtsveränderung« (Lindemann 2011: 14) hin zu nicht-binär übertragen.

Lindemann kritisiert aus einer leibphänomenologischen Perspektive heraus ethnomethodologische Ansätze eines *doing gender*, die ihrer Ansicht nach die Umweltbeziehung in sozialen Interaktionen nicht ausreichend beachten. Unter Rückgriff auf Plessner legt sie ihrer Konzeption von Geschlecht das Verhältnis von Körper und Leib zugrunde und stellt heraus, dass die Geschlechterdifferenz durch die exzentrische Positionalität im Sinne sozialer Kontrolle wirkt. Das Wissen darum, einen potentiell vergeschlechtlichten Körper zu haben, wird zu einem unhintergehbaren Empfindungs- und Verhaltensprogramm; Personen erleben sich selbst als das sozial verfasste, objektivierte Geschlecht (ebd.: 44).

> »Einen Geschlechtskörper zu haben, heißt, sein eigenes Geschlecht schon dargestellt zu haben, noch bevor man in einer Situation eine Geste gemacht, einen Blick geworfen oder ein Wort gesprochen hat. Dabei ist es fast unerheblich, ob jemand tatsächlich etwas gesehen hat. Es reicht, potentiell sichtbar zu sein« (ebd.: 42 f.).

Da die Umweltbeziehung an sich von einer doppelten Richtung geprägt ist, entsteht ein System von Gleich- und Verschiedengeschlechtlicheit. »Jemand ist ein Geschlecht, indem er/sie eines für andere ist und jemand ist ein Geschlecht, indem andere ein Geschlecht für sie bzw. ihn sind« (ebd.: 65). In diesem Zusammenhang kommt den »Grundkategorien des sexuellen Begehrens« (ebd.: 46), Homo- und Heterosexualität, die Rolle zu, »organisierendes Prinzip der Geschlechterunterscheidung« (ebd.: 65) zu sein. Im Rahmen einer Transition transsexueller Personen kommt es zu einem Wechsel innerhalb dieses Systems von Gleich- und Verschiedengeschlechtlichkeit, Personen ›haken‹ sich an der ursprünglichen Position aus, es folgt ein erneutes »Einhaken in der leiblichen Interaktion« (ebd.: 157) an der Wunschposition.

Lindemann bettet ihre Untersuchung ein in die von ihr als azentrisch beschriebene moderne Form der Geschlechterunterscheidung. So funktioniere die Unterscheidung der beiden binären Geschlechter aus der männlichen Perspektive heraus wie eine qualitative Differenz, aus der weiblichen hingegen wie ein (implizit hierarchischer) polarer Gegensatz (ebd.: 200).

Kategorien als Möglichkeitsräume affektiv-leiblichen Erlebens

Diese leibphänomenologische Perspektive verbinde ich mit kategorisierungstheoretischen Ansätzen, insbesondere im Anschluss an Ian Hacking. In Bezug auf entstehende *human kinds* hält er fest: »The category and the people in it emerged hand in hand.« (2013: 165) Entsteht eine neue Personenkategorie, so entsteht mit ihr auch eine unbestimmte Zahl an Menschen, die mit der Kategorie sich selbst, ihr eigenes Leben und Erleben und ihre Vergangenheit deuten können (Hacking 1992: 3). Sie strukturieren und erzeugen Wirklichkeit und schaffen bestimmte Möglichkeitsräume, innerhalb derer Menschen handeln und erleben können (Hacking 2013: 170). Eine Besonderheit von Personenkategorien liegt außerdem darin, dass die Bezeichneten selbst in einem gewissen Rahmen auf die Kategorien und die Kategorisierung zurückwirken und diese damit verändern können, dies bezeichnet Hacking als *looping effects* (Hacking 1995: 351).

In Bezug auf geschlechtliche Kategorien geht die moderne Abgrenzung der Frau vom Mann aus veränderten Machtverhältnissen in westlichen Gesellschaften zur Zeit der Aufklärung hervor: »Frauen sollten unvergleichliche Körper haben, damit sie nicht die gleichen Rechte beanspruchen konnten« (Hirschauer 2013: 47). Durch die Entgegensetzung von Erwerbs- und Familienleben wurde die Zweigeschlechtlichkeit als quasi natürlich deklariert und die beiden Geschlechter als (sexuell) aufeinander bezogen herausgestellt (ebd.). Und auch die Möglichkeit des Geschlechtswechsels lässt sich als Produkt historischer Entwicklungen beschreiben, unter anderem als Folge medizinischer Fortschritte (Vidal-Ortiz 2008). Aktuell sehen wir die historische Kontingenz von Geschlecht am Beispiel der Nicht-Binarität. Als geschlechtliche Identifikationsmöglichkeit in westlichen Gesellschaften ist sie momentan recht erfolgreich (Monro 2019), während andere mögliche Formen von

(Zwischen-)Geschlechtlichkeit (beispielsweise Lesben oder Faeries) eher in den Hintergrund geraten.

Damit fasse ich Geschlecht und geschlechtliche Kategorien als historisch und räumlich kontingente Beschreibungen. Was wir als Geschlecht verstehen, ist Ergebnis unserer kollektiv verfügbaren Deutungsmuster, die nicht nur unser Denken, sondern auch das körperlich-leibliche Erleben strukturieren. (Geschlechtliche) Kategorien bieten damit einen Möglichkeitsraum, der ein bestimmtes leibliches Erleben er- und anderes verunmöglicht.

Vorgehen

Den Ausgangspunkt meiner Forschung bildete die Frage, welche Vorstellungen von Nicht-Binarität für eine Positionierung als nicht-binär ausschlaggebend werden. Lindemann folgend findet im Prozess geschlechtlicher Transitionen eine »ontologische Neukonstruktion« (Lindemann 2011: 150) der Vergangenheit statt, rückblickend verändert sich die Deutung des eigenen Geschlechts und Erlebens: »Ein ehemals irrealer, d.h. (noch) nicht seiender Sachverhalt wird zu etwas, das schon immer real da war« (ebd.). Nehmen wir dies ernst, lässt sich das Erleben und mit ihm der Prozess retrospektiv nicht empirisch rekonstruieren.

Die ›Selbsterkenntnis‹ ist nicht als ein plötzliches Erkennen des ›eigentlichen‹ Geschlechts zu verstehen. Vielmehr handelt es sich um einen zirkulären Prozess, innerhalb dessen erste Entwurfsrealisierungen mit der sich entwickelnden Selbsterkenntnis einhergehen. Es findet eine erste Entsubjektivierung im Sinne einerseits der Distanzierung vom eigenen Erleben als Ausgangsgeschlecht und andererseits der eigenen »leiblich-affektiven Präsenz in Interaktionen« statt (ebd.: 82). Gleichzeitig wird der Wunsch, ein anderes Geschlecht zu sein, immer greifbarer, aus einem Nicht-Sein wird ein Noch-Nicht-Sein. Durch eine Verschiebung im Rahmen von Dichotomisierungsregeln kann sich die Person situativ als das Wunschgeschlecht erleben und davon ausgehend abgleichen, ob Wunsch und Erleben kongruent sind. Es handelt sich um »die paradoxe Situation, daß das, was als Ausgangspunkt der Veränderung erkannt werden soll, erst in deren Verlauf hergestellt wird« (ebd.).

Der Prozess zeichnet sich demnach dadurch aus, dass kollektiv verfügbare Vorstellungen von verschiedenen Geschlechtern mit dem eigenen leiblichen Erleben abgeglichen werden. Dies eröffnet die Möglichkeit, auf die kollektiv verfügbaren Vorstellungen von Nicht-Binarität zu schließen. An diesem Punkt habe ich angesetzt und narrative Interviews mit sowie Tagebücher von Personen analysiert, die sich in diesem Prozess befinden und sich selbst häufig als ›questioning‹ beschreiben. Die sechs Teilnehmer*innen akquirierte ich über einen Instagram-Post und Aushänge an öffentlichen Orten in Tübingen. Voraussetzung war, dass sie ihr bei der Geburt zugewiesenes Geschlecht hinterfragten und noch kein passendes geschlechtliches Label für sich gefunden hatten. Da es sich um eine aktuelle Entwicklung handelt und bislang wenig soziologische Forschung zu Nicht-Binarität existiert (Darwin 2020), orientierte ich mich am Forschungsstil der Grounded Theory (Strauss, Corbin 1996). Im Folgenden führe ich in mehreren Abschnitten die Ergebnisse meiner Analyse aus und füge zur besseren Nachvollziehbarkeit exemplarisch Zitate aus den Interviews und Tagebüchern ein. Die Darstellung orientiert sich an der Chronologie des Prozesses der Geschlechtsveränderung.

Fehlende Passung zu geschlechtlich binär strukturierter Welt

Zum Ausgangspunkt für die Überlegung, eventuell nicht-binär zu sein, wird eine erlebte fehlende Passung. Jo nennt es ein »irgendwie-irgendwas-ist-falsch-da-Gefühl« (Jo, 11[1]). Es bezieht sich auf die geschlechtlich strukturierte Welt, auf geschlechtlich konnotierte Erwartungen und es wird körperlich-leiblich erlebt, insbesondere geschlechtlich objektivierte Körperteile betreffend. Deutlich wird das, wenn Heike vom eigenen Erleben unter der Dusche schreibt:

> »Ich war angewidert von meinen Brüsten und meinem Schritt. Ich habe versucht, mich so wenig wie möglich anzufassen und nicht an mir runterzuschauen, aber das hat es nicht besser gemacht, weil ich meine Körperteile ja immer noch ›fühlen‹ konnte als Teil meines Körpers« (Heike, TB 11).

Das ›falsch fühlen‹ bezieht sich einerseits auf Interaktionssituationen mit anderen Personen, innerhalb derer beispielsweise Erwartungen gestellt werden oder die Personen an der Position der Geburtsklassifikation ›eingehakt‹ sind. Andererseits überdauert die leibliche Empfindung auch Interaktionen, so fühlt sich beispielsweise Heike auch allein unter der Dusche ›falsch‹. Das

1 Ich verweise auf Zitate aus meinen Interviews wie folgt: (anonymisierter Name, ggf. TB als Abkürzung für Tagebuch, Absatz)

eigene Erleben als ein Geschlecht fühlt sich durch das Wissen um die potentielle Sichtbarkeit und durch die Objektivierung bestimmter Leibinseln und Verhaltensweisen auch dann falsch an, wenn gar keine andere Person anwesend ist. »Es reicht, potentiell sichtbar zu sein« (Lindemann 2011: 43).

Entwurfsrealisierungen

Mit diesen Aspekten geht eine Zurückweisung der Geburtsklassifikation einher. Dies passiert sowohl in Form einer »Irrealisierung der eigenen Person« (ebd.: 85), wie es Lindemann bezeichnet, als auch durch das aktive Brechen und Abweichen von Dichotomisierungsregeln des Ausgangsgeschlechts. Sehen die Personen beim Blick in den Spiegel deren konkrete Abgrenzung, erleben sie sich situativ als nicht-binär:

> »Manchmal habe ich das Gefühl, es verändert irgendwie auch was in mir. So wenn ich mich dann geschminkt hab und so vor dem Spiegel stehe und so in den Spiegel guck, dann ist es, das ist anders und irgendwie ja, ja irgendwie ist es ein anderes Gefühl von Gefühl von, es fühlt sich mehr nach, nach irgendwie dem queeren Jackie an oder der queeren Jackie; ich weiß es gar nicht, es fühlt sich mehr nach Jackie an als nach Jacob.« (Jackie, 77).

Die veränderte geschlechtliche Darstellung des eigenen Körpers verändert auch etwas IN Jackie. Dies lässt sich mit Lindemann verstehen als Ausdruck eines veränderten leiblichen Erlebens.

Abhängigkeit von der Geburtsklassifikation

Durch das gesamte Material zieht sich eine Differenz der Praktiken anhand derer (situativ) ein nicht-binäres Erleben möglich wird. Sie verläuft entlang der Geburtsklassifikation und der Richtung der Geschlechtsveränderung. Personen mit männlicher Geburtsklassifikation orientieren sich an weiblichen Dichotomisierungsregeln, während Personen mit weiblicher Geburtsklassifikation eine Abwendung von diesen vornehmen. Implizit deutlich wird dies auch in folgendem Zitat:

»ich hab so die Beobachtung, dass die afab Enbys[2], die ich kenne, [...] sehr stark sich von diesem Weiblichen, was ihnen zugeschrieben wurde bei der Geburt, distanzieren. Und dass genau dieses Weibliche nicht PASST, [...] dass es jetzt aber irgendwie auch nicht einfach binär trans ist und dann landen sie so bei diesem nicht-binär-Label. [...] Und andersherum bei amab-Personen ich auch total so eine Zuwendung hin zur Feminität sehe.« (Anna, 111)

Anna hebt hier einerseits die Hinwendung zu und andererseits die Abwendung von Feminität und Weiblichkeit hervor, anstatt beispielsweise aus beiden Richtungen eine Abwendung von der Geburtsklassifikation und eine Hinwendung zu Dichotomisierungsregeln des anderen binären Geschlechts stark zu machen. Ich deute das als Ausdruck der Eingebundenheit auch dieser Form der Geschlechtsveränderung in die moderne azentrische Form der Geschlechterunterscheidung, wie sie Lindemann beschreibt. Das Weibliche wird als Besonderes abgegrenzt vom Männlichen als Allgemeinem. Um sich nicht-binär zu verorten, ist aus der Richtung der männlichen Positionierung kommend ein Mehr an geschlechtlicher Darstellung notwendig, eine Hinwendung zum Besonderen, zum Weiblichen. Die Personen tragen »die Haare jetzt lang« (Juli, 2) und präsentieren sich »transfeminin« (San, 56). Aus der weiblichen Richtung kommend findet eine Hinwendung zu einer ›Normalität‹ mit wenig oder keinem hervorgehobenen Geschlecht statt, beispielsweise durch eine Wegnahme von Brüsten, weite Kleidung oder abrasierte Haare (Heike, 21).

Nicht-Binarität im Umweltbezug körperlich-leiblich erleben

Auch das Erleben einer nicht-binären Positionierung ist eingebettet in die Umweltbeziehung. Dritte können Personen an einer solchen Position ein- oder aber auch von dieser aushaken, besonders relevant wird dies in potentiell romantischen/sexuellen Begegnungen. Im Rahmen des Systems von Gleich- und Verschiedengeschlechtlichkeit begegnen sich Personen, die in ihrer geschlechtlichen Bezogenheit aufeinander das Gegenüber mit vergeschlechtlichen. Jo erzählt:

2 Afab steht für assigned female at birth, amab entsprechend für assigned male at birth, Enby für NB, non-binary/nicht-binär.

»Ich hatte bisher zwei Beziehungen […] cis Jungs, die von sich gesagt haben: Ja ich bin hetero, aber ich steh auf dich. Und da hat sich das sehr so angefühlt, als ob man nur als Mädchen wahrgenommen wird irgendwie und das war dann so– hat mich mich unangenehm fühlen lassen? Weil ich mich nicht als mich akzeptiert gefühlt hab […] So von wegen, du zählst für mich als Mädchen, und ich MÖCHTE nicht als Mädchen zählen?« (Jo, 27)

Die Erfahrungen mit Intimbeziehungen beeinflussen Jos Geschlechtserleben. Durch die als »hetero« bezeichnete sexuelle Orientierung der »Jungs« wird Jo als »Mädchen« vergeschlechtlicht. Die sexuelle Orientierung der Partner und das eigene nicht-binäre Geschlecht passen nicht zusammen. Jo berichtet, dadurch extrem verunsichert gewesen zu sein, »weil was, wenn ich doch einfach nur eine cis Frau bin?« (Jo, 29). Jos geschlechtliches Selbstverständnis ist prekär. Die sexuelle Selbstbeschreibung der Intimpartner greift auf einer affektiv-leiblichen Ebene in Jo ein und stellt deren Geschlecht in Frage. Es bleibt bei dem Wunsch, ›eingehakt‹ an einer nicht-binären Position an Interaktionen teilzuhaben. Dass Nicht-Binarität von Interaktionspartner*innen nicht als ernstzunehmende geschlechtliche Positionierung wahrgenommen wird, erlebt Jo hier am eigenen Leib.

Nicht-Binarität als unsichere Positionierung

Wie im vorangegangenen Beispiel wird den Personen die Nicht-Binarität immer wieder abgesprochen, die Positionierung ist gefährdet. Ausschlaggebend dafür ist in erster Linie die Hinterfragbarkeit der Kategorie an sich. Da sie zum aktuellen Zeitpunkt nicht selbstverständlich existiert, werden die Personen immer wieder zurückgeworfen auf die binären Geschlechter. Die Gefahr geht damit über die potentielle Brüchigkeit des ›neuen‹ Geschlechts transsexueller beziehungsweise transgeschlechtlicher Personen hinaus, die Lindemann beschreibt.

Zudem stellt es potentiell ein Angriffsziel dar, »sichtbar als queere Person« (Jackie, TB 8) zu sein, da dies existierenden binären Geschlechternormen entgegensteht. Gleichzeitig geht die Positionierung als nicht-binär einher mit einer bestimmten politischen Positionierung als links und feministisch. Juli beispielsweise sagt: »Patriarchat muss weg« (Juli, 85). Dies äußert sich nicht nur im eigenen politischen Handeln, sondern wird auch durch die eigene geschlechtliche Verortung zum Ausdruck gebracht. So ist die Frage nach der Existenz und Legitimität der Kategorie eng verflochten mit politischen Vorstellungen. Im Rahmen der hinterfragbaren Sichtbarkeit als nicht-binär, die potentiell zu Auseinandersetzungen führt, wird dieser politische Kampf am eigenen Leib ausgetragen.

Plausibilisierungsversuche

Um das eigene Erleben und Nicht-Binarität zu plausibilisieren, greifen die Personen neben ihren leiblichen Empfindungen auch auf wissenschaftliche Theorien zurück, verweisen beispielsweise auf Judith Butler oder biologische Erkenntnisse und schließen ihr Erleben direkt an das binär transgeschlechtlicher Personen an. Dabei verwenden sie auch vormals medizinische Begriffe und Fremdbeschreibungen wie den der Dysphorie.[3] Die Begriffe und Konzepte werden den eigenen Empfindungen entsprechend an sich selbst angelegt und dabei gegebenenfalls auch verändert. Dies lässt sich im Anschluss an Hacking (1995) als ein beispielhaftes Moment eines Looping-Effekts deuten, die Kategorisierten und ihre Selbstbeschreibungen wirken zurück auf die Kategorisierung an sich.

Schlussfolgerungen

In ihrem Zusammenspiel lassen sich aus den angerissenen Aspekten folgende Schlussfolgerungen ziehen:

1. Es handelt sich bei Nicht-Binarität um eine geschlechtliche Kategorie, die sowohl alltagsweltlich als auch in der empirische Analyse an Transsexualität und Transgeschlechtlichkeit anknüpft. So finden sich nicht nur zahlreiche Verweise der Befragten auf (binäre) Transgeschlechtlichkeit, es ist auch ein Großteil der Ausführungen Lindemanns zu Transsexualität (2011; 1996; 1993) übertragbar.
2. Nicht-Binarität stellt eine Kategorie im Entstehen dar, die einen historisch jungen Möglichkeitsraum für das geschlechtliche Erleben in westlichen Gesellschaften bildet. Dies spiegelt sich im subjektiven Erleben der Befragten deutlich wider, insbesondere in Bezug auf die potentielle

3 Der Begriff der Dysphorie stellt eine Diagnose im DSM 5, dem aktuellen amerikanischen Klassifikationssystem für psychische Störungen dar und ist damit in erster Linie eine medizinisch-psychologische Fremdbeschreibung. Er fasst »eine negative Färbung des emotionalen Erlebens, Missstimmung oder Gereiztheit; in diesem Zusammenhang wird damit das anhaltende Unbehagen mit dem Geburtsgeschlecht bezeichnet« (Franzen, Sauer 2010: 19).

Verletzlichkeit der Geschlechtsposition. Der aktuelle Zustand der Kategorie lässt sich als instabil beschreiben. Aktuell offen ist, ob sich ihre Existenz durchsetzen wird, und falls ja, welche der beschriebenen Eigenschaften und Abgrenzungen bleiben werden.

3. Nicht-Binarität ist eine Kategorie ›in the making‹, die aktuell im Anschluss an Transsexualität und Transgeschlechtlichkeit aus einem oder mehreren Loops (Hacking 1995) entsteht. Sie fügt sich in die von Lindemann (2011) als azentrisch beschriebenen moderne Form der Geschlechterunterscheidung ein.

Empirische Forschungen zu Nicht-Binarität, die solch eine kategorisierungstheoretisch informierte Perspektive einnehmen, können demnach dazu beitragen, genauer zu verstehen, wie Personenkategorien entstehen, sich institutionalisieren und zu Möglichkeitsräumen affektiv-leiblichen Erlebens werden. In meiner aktuell laufenden Promotion untersuche ich die Institutionalisierung von Nicht-Binarität im Kontext von Intimbezichungen und sexueller Orientierung.

Literatur

BMJV, Bundesministerium der Justiz und für Verbraucherschutz 2024: Selbstbestimmungsgesetz. https://www.bmjv.de/DE/themen/gesellschaft_familie/selbstbestimmung/selbstbestimmung_node.html, letzter Aufruf am 7. November 2025.

Darwin, Helana 2020: Challenging the cisgender/transgender binary: Nonbinary people and the transgender label. Gender & Society, vol. 34, no. 3, 357–380.

Franzen, Jannik / Sauer, Arn 2010: Benachteiligung von trans* Personen, insbesondere im Arbeitsleben. Berlin: Antidiskriminierungsstelle des Bundes.

Hacking, Ian 1992: Multiple personality disorder and its hosts. History of the Human Sciences, vol. 5, no.2, 3–31.

Hacking, Ian 1995: The looping effects of human kinds. In Dan Sperber / David Premack / Ann James Premack (eds.), Causal cognition: A multidisciplinary debate. Oxford: Oxford University Press, 351–394.

Hacking, Ian 2013: Making up people. In Edward Stein (ed.), Forms of desire. New York, London: Routledge, 69–88.

Hirschauer, Stefan 2013: Geschlechts(in)differenz in geschlechts(un)gleichen Paaren: Zur Geschlechterunterscheidung in intimen Beziehungen. In Alessandra Rusconi / Christine Wimbauer /Mona Motakef /Beate Kortendiek /Peter A. Berger (Hg.), Paare und Ungleichheit(en). Eine Verhältnisbestimmung. Opladen: Verlag Barbara Budrich, 37–56.

Laqueur, Thomas 1992: Auf den Leib geschrieben. Die Inszenierung der Geschlechter von der Antike bis Freud. Frankfurt am Main, New York: Campus.

Lindemann, Gesa 1993: Wider die Verdrängung des Leibes aus der Geschlechterkonstruktion. Feministische Studien, 11. Jg., Heft 2, 44–54.

Lindemann, Gesa 1996: The Body of Gender Difference. European Journal of Women's Studies, vol. 3, no. 4, 341–361.

Lindemann, Gesa 2011: Das paradoxe Geschlecht. Transsexualität im Spannungsfeld von Körper, Leib und Gefühl. Wiesbaden: VS.

Monro, Surya 2019: Non-binary and genderqueer: An overview of the field. International Journal of Transgenderism, vol. 20, no. 2-3, 126–131.

Reiß, Annika / Sittenauer, Amelie 2024: Berichterstattung über ESC. Keine Frage des Geschmacks. taz vom 17. Mai 2024. https://taz.de/Berichterstattung-ueber-ESC/!6008742/, letzter Aufruf am 6. November 2025.

Strauss, Anselm / Corbin, Juliet 1996: Grounded Theory: Grundlagen Qualitativer Sozialforschung. Weinheim: Beltz PsychologieVerlagsUnion.

Vidal-Ortiz, Salvador 2008: Transgender and Transsexual Studies: Sociology's Influence and Future Steps. Sociology Compass, vol. 2, no.2, 433–450.

Veränderungen in der Mitgliedschaft

Neue Mitglieder

Dr. Polina Aronson, Berlin
Alexandra Barmina, Nürnberg
Ruben Below, Münster
Jun.Prof. Dr. Anika Gomille, Siegen
PD Dr. Tetiana Havlin, Cottbus
Karolina Heck, Berlin
Dr. Maik Herold, Dresden
Dr. Robert Jakimovski, Unterschleißheim
Bettine Josties, Berlin
Marie Jeanne Mansfeld, Wiesbaden
Tamara Mercante Thierauf, Essen
Prof. Dr. Regine Müller, Düsseldorf
Dr. Sara Parhizkari, Göttingen
Dr. Victoria Pereyra Iraola, München
Katharina Pötzsch, M.Sc., Lübeck
Prof. Dr. phil. Andreas Reiners, Herzogenrath
Prof. Dr. Diana D. Schacht, München
Dr. rer. soc. Peter Schadt, Stuttgart
Dominic Schilke, Berlin
Prof. Dr. Barbara Stauber, Tübingen
Tristan Stinnesbeck, Leipzig
Sarah von Querfurth, M.A., Dortmund
Leslie Wathsack, M.A., Wuppertal
Elisabeth Wiesnet, München

Neue studentische Mitglieder

Lisa Akcay, Münster
Elaine Lili Doerr, Dortmund
Christian Carsten Gaa, Berlin
Kai Inboden, Witten
Peer Ole Lilienthal, Bochum

Nick Linsel, Bochum
Tim Lutterbüse, Paderborn
Clara Christine Unland, Duisburg

Austritte

Dzifa Ametowobla, Cottbus
Prof. Dr. Talja Blokland, Berlin
Prof. em. Dr. Andreas Bodenstedt, Lindau
Sophie Bose, Leipzig
Dipl.-Soz.Wiss. Helga Christians, Düsseldorf
Nur Demir, Marburg
Jan Niklas Dittmar, Niddatal
Katharina Ebinger, Stuttgart
Dr. phil. Claudia Equit, Münster
Dr. Barbara Kuchler, München
Pfarrer Hermann Helge Müller, Maikammer
Anny Nadollek, Bochum
Lea Eileen Pöhls, Norderstedt
Dr. Anne Richter, Wittenberg
Dr. Oliver Schmidtke, Siegen
Dr. Jürgen Schraten, Gießen
Anja Schünzel, M.A., Berlin
Volker Pascal Schüren, Moers
André Stiegler, M.A., Jena
Dr. phil. Nurdin Thielemann, Magdeburg
Dr. Knut-Christof Tullius, Göttingen
Dr. Dorothee Wilm, Bielefeld
Prof. Dr. Rainer Winter, Klagenfurt
Dr. Nicole Witte, Göttingen

Verstorben

Prof. Dr. Hans Geser, Zürich
Prof. Dr. Dr. h.c. Johannes Weiß, Kassel

Sektion Religionssoziologie

Tagung »Der Wandel des Pilgerns im heutigen Europa. Spiritualität – Praxis – Infrastruktur« vom 11. bis 13. September 2025 in Donauwörth

In den letzten Jahren erfreuen sich das Pilgern und Wandern (nicht nur) auf den Jakobswegen nach Santiago de Compostela zunehmender Beliebtheit. Die Tagung wurde von Michael N. Ebertz, Michael Hainz, Stefan Huber und Detlef Lienau organisiert und als »Internationale Pilgertagung« im Rahmen der »5. Donauwörther Pilgertage 2025« von der Sektion Religionssoziologie in Kooperation mit der Städtischen Tourist-Information Donauwörth durchgeführt. Diese Einbettung ermöglichte intensiven Austausch und Diskussionen zwischen wissenschaftlichen und praktischen Perspektiven auf den Gegenstand »Pilgern«, was durch vorbereitete Kommentare auf alle Vorträge durch jeweils eine Vertreter:in aus der Wissenschaft und der Praxis unterstützt wurde. Im Programm wurden wissenschaftliche Vorträge durch Beiträge ergänzt, die sich aus einer professionellen oder ehrenamtlichen Perspektive (Pilgerbegleitung, -seelsorge, -tourismus usw.) mit dem Pilgern befassten. Dieser Tagungsbericht beschränkt sich auf die Darstellung der wissenschaftlichen Vorträge.

Einige Vorträge stellten soziologische Theorieangebote vor und zur Diskussion. In seiner Einleitung in die Tagung ging *Michael N. Ebertz* (Freiburg) zunächst auf das spannungsvolle Verhältnis des Wallfahrens und Pilgerns zum Tourismus ein und verwies auf soziologische Arbeiten zum Beispiel von Siegfried Kracauer, Dean MacCannell oder Victor Turner, die wiederum in einigen Tagungsbeiträgen aufgegriffen wurden. Zudem warf er die Frage auf, ob sich im Pilgern eine Transformation des Religiösen oder seine Säkularisierung zeige. Bei seinen in einem Vortrag angestellten Überlegungen zum »Pilgern als Transzendenzerfahrung« griff Ebertz Luckmanns Unterscheidung kleiner, mittlerer und großer Transzendenzen auf und erörterte seine These, dass das Pilgern in sachlicher, zeitlicher und sozialer Hinsicht eine Verdichtung von Transzendenzerfahrungen befördere und insofern als Transzendenzgenerator verstanden werden könne. *Nurit Stadler* (Jerusalem) diskutierte anthropologische und soziologische Perspektiven auf die Territorialität, auf Landschaften und Infrastrukturen des Pilgerns. Resümierend konstatierte sie vier Makro-Trends: Prozesse der Standardisierung, der Materialisierung, der Kommodifizierung und der Verräumlichung, durch die das Pilgern körperlich, architektonisch, räumlich-materiell sowie politisch ständig neu ausgehandelt werde.

Die meisten Vorträge präsentierten empirische Forschungen zum Thema Pilgern, die sich sowohl quantitativer als auch qualitativer Methoden bedienten. *Stefan Huber* (Bern) stellte quantitative Befunde zur Spiritualität und Religiosität deutsch- und spanischsprachiger Pilger:innen auf dem Jakobsweg vor. Im Vergleich zu Daten des Religionsmonitors ist bei beiden Gruppen die spirituelle Identität stärker ausgeprägt, und es wird häufiger von Einheitserfahrungen berichtet. Detlef Lienau (Freiburg) präsentierte Auswertungen einer standardisierten Online-Befragung zum Thema »Pilgern und Naturbeziehung«. Dabei arbeitete er vier Konstrukte von Naturbeziehungen heraus: (1) »Stille« in Anschluss an romantische Motive, (2) Entsprechungen zwischen der Natur und dem eigenen Leben, (3) religiöse Motive mit Bezügen auf Gott, Spiritualität, Schöpferkraft und so weiter sowie (4) die Erfahrung der Natur als »Abenteuer«. *Gisela Zimmermann* (Zürich) untersuchte ausgehend von auf dem Jakobsweg und im digitalen Raum gesammeltem qualitativem Datenmaterial, wie mobile Technologien und soziale Medien in der Pilgerpraxis genutzt werden und welche Bedeutung sie für Diskurse über das »richtige« Pilgern haben. *Lea Henrich* (Jena) interessierte sich für den Umgang von Pilgernden mit Unvorhersehbarkeiten und griff dazu das Konzept »Unverfügbarkeit« von Hartmut Rosa auf. Am Beispiel von Bettenreservierungen, die sie als Versuch der Herstellung von Verfügbarkeit versteht, zeigte sie, dass der Verzicht auf Kontrolle »Transformationserfahrungen« ermöglichen könne. Auch *Michael Hainz* (Frankfurt am Main) schloss an Hartmut Rosa an und erkundete, ob das »Pilgern als Chance auf Resonanz und Heilung gestörter Weltbeziehung« zu verstehen sei. Hainz identifiziert im Pilgern große Potentiale für Resonanzerfahrungen, da hohe Selbstwirksamkeit beim Gehen, beim Zugehen auf Fremde(s) und beim Kommunizieren erfahren werden könne. *Christel Gärtner* (Münster) rekurrierte auf Danièle Hervieu-Légers Typen der modernen Religionsentwicklung, wobei sie sich insbesondere für den »Pilger« als die »typische Figur der Religion in Bewegung« und die dazu passende Form der Vergemeinschaftung interessierte. Anhand einer Fallanalyse zeigte sie, wie Erfahrungen von Flucht und Vertreibung ebenso wie Pilgererfahrungen in unterschiedlicher Weise die religiöse Identität beeinflussen und festigen können. *Daniel Ellwanger* (Leipzig) analysierte am Beispiel von Wallfahrten nach Lourdes, wie Besucher:innen mit scheiternden Erwartungen umgehen. Dazu rekonstruierte er kommunikative Strategien des Abfederns und Umdeutens von Brüchen und Krisen sowie die Herstellung neuer Konsistenzen. Er hob hervor, dass Lourdes für diese Krisenbearbeitungen ein Reservoir von – teilweise materialisierten – Narrativen bereithält.

Zwei Vorträge befassten sich mit gemeinschaftlichen Formen des Pilgerns beziehungsweise Wallfahrens. *Mario Katić* (Zadar) untersuchte am Beispiel von drei Orten in Montenegro, Irland und Frankreich Infrastrukturen und Praktiken von lokalen Wallfahrten auf dem Wasser. Sie wurden ursprünglich zur Unterstützung von Fischern und ihren Familien im alltäglichen Überlebenskampf etabliert. Heute fungieren sie – so Katic – als ästhetisch-politische Ausdrucksformen sowie als Arenen der Imagination und Artikulation utopischer Zukunftsvorstellungen. *Martin Vogel* (Hannover) analysierte die Organisiertheit von Schwellenzuständen beim Pilgern in einer organisationssoziologischen Perspektive. Dazu griff er aus Rainer Schützeichels sozialtheoretischer Bestimmung den Begriff des »Handlungsformats« auf und zeigte anhand von Ego-Dokumenten und teilnehmenden Beobachtungen in einer Pilgergruppe, dass das Pilgern durch seine Organisiertheit als Präsenzgenerator fungiere.

Kornelia Sammet

Sektion Soziale Probleme – Soziale Kontrolle und Sektion Migration und ethnische Minderheiten

Frühsommertagung »Umkämpftes Erinnern in der postmigrantischen Gesellschaft« vom 23. bis 25. Juni 2025 an der Hochschule München

Die gemeinsame Tagung der Sektionen »Umkämpftes Erinnern in der postmigrantischen Gesellschaft« widmete sich aktuellen Konflikten und Aushandlungen um (marginalisierte) Erinnerungspraktiken zu rechter, rassistischer und antisemitischer Gewalt in der BRD/DDR nach 1945 und zur deutschen Kolonialgeschichte.

Im Rahmen der Eröffnung wurde München als Ort der Tagung in Hinblick auf die gesetzten Themen eingeordnet. Hier ereigneten sich zahlreiche rechte, rassistische und antisemitische Gewalttaten: zwei der NSU-Morde (2001 beziehungsweise 2005), der rechtsterroristische und rassistische Anschlag am und im Olympia-Einkaufszentrum (2016), der neofaschistische Brandanschlag auf die Diskothek »Liverpool« (1984), das Oktoberfestattentat (1980) oder der antisemitische Anschlag auf das jüdische Altenheim in der Reichenbachstraße (1970), um nur einige Beispiele zu nennen. Trotz der Häufung spielte ein Erinnern an diese Gewalt lange Zeit kaum eine Rolle im öffentlichen Stadtbild und war nicht im kollektiven Bewusstsein verankert. Sichtbarkeit und Anerkennung wurde und wird nach wie vor oftmals durch das Engagement von Angehörigen, Überlebenden und zivilgesellschaftlichen Gruppen erkämpft. München ist ferner zwar kein zentraler Ort für die deutsche Kolonialgeschichte, dennoch findet sich eine Vielzahl von kolonialen Spuren im Stadtraum (zum Beispiel Straßennamen, Denkmäler, verschwundene Gräber), die die historische und gegenwärtige Präsenz post/kolonialer Realitäten deutlich machen. Die anhaltende Auseinandersetzung um die Umbenennung von kolonialen Straßennamen ist exemplarisch für die gesellschaftliche Trägheit kolonialer Aufarbeitung. Auch hier sind wichtige Schritte gegen ein Verdrängen und für ein Erinnern ohne zivilgesellschaftlichen Druck nicht abzusehen.

Die Relevanz von Angehörigen, Überlebenden, Betroffenen und zivilgesellschaftlichen Gruppen gegen ein Verdrängen wurde auch bei der öffentlichen Auftaktveranstaltung mit dem Titel »Erinnern als Kritik?« deutlich. Auf dem Podium diskutierten der Antirassismus- und Antidiskriminierungsberater sowie unter anderem der Gründer des *Arbeitskreis Panafrikanismus München e.V.* Hamado Dipama, die Ethnologin, Seniorforschungsprofessorin an der Universität Mainz und ehemalige Präsidentin des Goethe-Instituts Carola Lentz, die Autorin Lena Gorelik und Newroz Duman von der *Initiative 19. Februar Hanau* über die Komplexität, Vielschichtigkeit und Konflikthaftigkeit von gesellschaftlichem Erinnern und spannten damit bereits den thematischen Rahmen der Tagung auf. In der Diskussion wurde unter anderem auf den Aspekt der Zeitlichkeit beziehungsweise der Nicht-Linearität und des intergenerationalen Traumas eingegangen. Hier schlug Lena Gorelik den Bogen zum Nationalsozialismus und verwies auf die Aussage eines Überlebenden des Konzentrationslagers Flossenbürg, er sei nicht befreit worden, auch seine Kinder und Enkel nicht, Flossenbürg sei befreit worden. Damit unterstrich sie, dass vergangene Gewaltereignisse weit in die Gegenwart hineinreichen und auch kommende Generationen beeinflussen. Der zeitliche Abstand von Gewaltverbrechen sei für Betroffene erstmal nur eine Zahl, da gewaltvolle Verhältnisse wie Antisemitismus oder Rassismus in der Gegenwart anhalten. Newroz Duman führte diesen Gedanken weiter und verwies darauf, dass mit dem Erinnern an historische Kolonialverbrechen nicht nur diese in den Blick genommen werden, sondern auch deren

Kontinuitäten, wie beispielsweise Alltagsrassismus und institutioneller Rassismus innerhalb der Polizei. Die verschiedenen Themen können folglich zusammen gedacht werden: Das Nicht-Erinnern verbindet Betroffene historischer, gegenwärtiger und zukünftiger Gewalt. Betroffene unterschiedlicher Gewalttaten, Angehörige und Überlebende versuchen das Narrativ vereinzelter Gewalttaten zu überwinden und mit Hilfe einer Vernetzung und einer solidarischen Bezugnahme über konkrete Taten hinweg ein neues Narrativ und gesellschaftliche Erinnerung und Veränderung zu etablieren.

Teil der Tagungseröffnung war ferner die die Verleihung des Dissertationspreises der Sektion Migration und ethnische Minderheiten an Dina Bolokan für ihre Arbeit »Everyday Coloniality: The Political Economy of Labor Migration in the Agricultural Sector in Europe« und an Jana Catalina Glaese für ihre Dissertation mit dem Titel »Making a Market of Migrant Workers: Recruiters, Small Businesses, and Contested Justifications of Foreign Recruitment in East Germany«.

In den anschließenden zwei Tagen diskutierten über 90, auch internationale Wissenschaftler:innen aus verschiedenen Disziplinen das Thema Erinnern im postmigrantischen Deutschland. Insgesamt gab es 31 Beiträge in acht Panels, unter anderem zu den Themen plurales/multidirektionales Erinnern, Gedenken im öffentlichen Raum als Praxis der Problematisierung, Erinnern und postsozialistische Transformation oder Erinnern, Staat und Kritik. Panelübergreifend wurden ähnliche Thesen und Fragestellungen immer wieder aufgeworfen, beispielsweise, dass Forderungen nach Anerkennung und Wiedergutmachung in beiden Feldern auf Widerstand stoßen. In welcher Form, wann und wo an rechte Gewalttaten und koloniale Verbrechen erinnert wird, ist Ausdruck von Macht- und Herrschaftsverhältnissen und in allen Fällen historisch spezifisch.

Die Tatsache, dass es bei diesen Themen großen Bedarf an Austausch und Vernetzung gibt, zeigte sich bereits zu Beginn der Tagung bei einer Forschungswerkstatt für Forschende in der Qualifizierungsphase, die zu rechter Gewalt arbeiten. Eine Verstetigung des Austauschs und der thematischen Weiterarbeit war ein zentrales Ergebnis der Werkstatt.

Neben zahlreichen Beiträgen zu laufenden Forschungsprojekten und der Vorstellung von Abschlussarbeiten waren auch drei Stadterkundungen Teil des Tagungsprogramms. Philip Zölls thematisierte an Orten wie dem Südfriedhof in München postkoloniale Spuren in der Landeshauptstadt. Orte, an denen sich rechte, rassistische und antisemitische Gewalttaten ereigneten, wurden von Frank Benninger gezeigt. Rassismus in München wurde beim

Besuch der Ausstellung »What the City« im Münchner Stadtmuseum mit Simon Goeke eingeordnet.

Ziel der Tagung war es die unterschiedlichen Erinnerungskämpfe an Kolonialverbrechen und rechte, rassistische und antisemitische Gewalt zu verbinden und in der gegenwärtigen, postmigrantischen Gesellschaft zusammenzudenken. Überlassen die Sozialwissenschaftler*innen dieses Thema noch eher den Historiker*innen? Die Beantwortung dieser Frage bleibt auch nach den drei Tagen noch offen: Schon in der Tagungsvorbereitung zeigte sich ein Ungleichgewicht zwischen vielen Einreichungen und Beiträgen zum Themenschwerpunkt rechte Gewalt und weniger zahlreichen zum Schwerpunkt Kolonialismus. Zudem lassen sich bis dato wenig gegenseitige Bezugnahmen feststellen – weder in den jeweiligen Kämpfen noch in der wissenschaftlichen Auseinandersetzung.

Um den bei der Tagung aufgeworfenen Fragen weiter nachzugehen und den Diskurs dazu weiterzuführen, ist eine Veröffentlichung in Planung.

Antonia Rode, Regula Selbmann, Gabriele Fischer und Eva Bahl

Wo wir stehen
Die Gründungsfeier des Instituts für Soziologie an der TU Dortmund

Wir haben an der TU Dortmund ein Institut für Soziologie gegründet. Die Gründung fällt in eine Zeit, in der in vielen Ländern ein neuer Autoritarismus erstarkt. In einigen Ländern, wie den USA, werden Demokratie und Wissenschaftsfreiheit attackiert. Auch in Deutschland steht die Wissenschaftsfreiheit unter Druck, etwa wenn rechte Politiker:innen die Geschlechter- und Klimaforschung zu ihrem Feindbild erklären. Zusätzlich sehen sich Universitäten mit wachsenden Sparzwängen und Kostendruck konfrontiert. Was bedeuten diese Verschiebungen für unsere soziologische Wissensproduktion, für Forschung und Lehre und die ohnehin prekären Karrierewege des soziologischen »Mittelbaus«? Ausgehend von der Annahme, dass soziologische Praxis stets an Ort und Zeit gebunden ist, nahmen wir unsere Gründungsfeier am 8. Juli 2025 zum Anlass, fachpolitisch wie soziologisch zu reflektieren, vor welchen Herausforderungen wir derzeit stehen und was sie für die Arbeit an unserem neu gegründeten Institut bedeuten.

Zur Eröffnung der Feier erinnerte Institutsdirektor *Christian Deindl* zunächst an die bewegte Geschichte der Dortmunder Soziologie: Ursprünglich kam sie 1980 an die Universität, als die Pädagogische Hochschule Ruhr (PH Ruhr) in die Universität Dortmund eingegliedert wurde – die Umbenennung in TU Dortmund erfolgte erst 2007. Dort war die Soziologie Teil der Abteilung Gesellschaftswissenschaften und Theologie, aus der später die Fakultät Humanwissenschaften und Theologie (Fakultät 14) hervorging. Im Wintersemester 2000 wechselte das Institut für Soziologie (ISO) an die Fakultät 12, die heutige Fakultät für Erziehungswissenschaften, Psychologie und Bildungsforschung. Nicole Burzan war die Direktorin des ISO an der Fakultät 12, bis das Institut im Jahr 2020 mit der Gründung der neuen Fakultät Sozialwissenschaften aufgelöst wurde. Fünf Jahre lang bildete die Fakultät 17, die neben soziologischen Professuren auch die Sozialforschungsstelle (sfs) und das Institut für Didaktik integrativer Fächer (IDIF) umfasst, den organisatorischen Rahmen der Dortmunder Soziologie – bis 2025 das neue Institut für Soziologie ins Leben gerufen wurde. In ihrem Grußwort überbrachte *Petra Wiederkehr*, Prorektorin für Diversität der TU Dortmund, die Glückwünsche der Universitätsleitung zur Institutsgründung und betonte die Bedeutung soziologischer Forschung für den gesellschaftlichen Zusammenhalt und eine sich rasant verändernde Welt. *Martina Brandt*, ISO-Mitglied und Prodekanin für Forschung an der Fakultät Sozialwissenschaften, erinnerte daran, dass es der Dortmunder Soziologie stets gelungen sei, theoretische und methodische Vielfalt zu leben – eine Tradition, die sich nun fortsetzen solle, wenn ISO, IDIF und sfs weiter zusammenwachsen.

Unter dem Titel »Gefährdetes Wissen. Soziologie im intern und extern bedrohten Hochschulsystem« hielt *Tilman Reitz* den Festvortrag. Er beschrieb Spannungen, denen die Wissenschaft gegenwärtig ausgesetzt ist: von außen durch politische Einflussnahme, aber auch von innen durch die Prekarisierung des »Mittelbaus«, über den Sog der Projektwettbewerbe bis zum Publizieren fürs metrisierte Prestige. Da der Hauptvortrag in dieser Ausgabe gesondert publiziert wird,[1] hier nur so viel: Der Jenaer Professor für Wissenssoziologie und Gesellschaftstheorie plädierte für eine Soziologie, die ihre eigenen Produktionsbedingungen ernst nimmt und sich offensiver für bessere Bedingungen in der Wissenschaft und gegen Angriffe auf die Wissenschaftsfreiheit einsetzt.

Ein von der stellvertretenden Institutsdirektorin *Mona Motakef* moderiertes Podium griff Fragen des Vortrags auf: Wo liegen die zentralen Herausforderungen? Wo zeigen sich Fehlentwicklungen? Welche fachpolitischen Maßnahmen wären nötig, um die genannten Probleme zu bewältigen? *Nicole Burzan* verwies auf aktuelle Angriffe auf die Wissenschaft, die heute auch unter dem Deckmantel der »Entbürokratisierung« geführt werden – etwa im jüngst erschienenen Diskussionspapier der Leopoldina (2/2025). Eine weitere Gefahr sah sie in der Überdehnung metrischer Parameter, insbesondere dort, wo sie keinen Sinn ergeben – etwa wenn ethnographisch Forschende in Zeitschriften minutiös belegen sollen, wie viele Stunden sie im Feld verbracht haben. Fragen prekärer Beschäftigung, so Burzan weiter, dürften nicht losgelöst von der Grundfinanzierung der Universitäten betrachtet werden. Professor:innen und »Mittelbau« stünden einander nicht feindlich gegenüber, sondern säßen »in einem Boot« – und es sei entscheidend, sich an den Universitäten fakultätsübergreifend zu solidarisieren: Wenn Kürzungen schon nicht abzuwenden seien, dann müssten sie wenigstens gemeinsam getragen werden.

Robert Heidemann, Vertreter des »ISO-Mittelbaus« und engagiert in der Projektgruppe der GEW-Doktorand:innen, zeichnete nach, warum ihn insbesondere Kürzungen in der Grundfinanzierung und Forderungen nach

1 *Anm. der Redaktion:* Die überarbeitete Fassung dieses Vortrags finden Sie auf S. 15 ff.

stärkerer Anwendungsorientierung beunruhigen: Können *early career researcher* weiterhin an Themen forschen, die sie interessieren – oder nur zu Fragen, für die es Drittmittelförderungen gibt und mit denen man dann eine Karriere machen kann? Das ISO, so Heidemann, solle ein Ort werden, an dem diese Fragen offen diskutiert, in gemeinsame solidarische Praxen übersetzt und nach außen getragen werden. *Diana Lengersdorf* von der Universität Bielefeld berichtete, wie sehr sich die Arbeit im Vorstand der Deutschen Gesellschaft für Soziologie in den letzten Jahren verändert hat. Satzungsgemäß soll die DGS alle zwei Jahre einen Kongress ausrichten, zunehmend wird sie jedoch als politische Stimme wahrgenommen. Wissenschaftsfreiheit, so Lengersdorf weiter, erscheine vielen in Deutschland als selbstverständlich; Ausladungen von Forschenden von deutschen Universitäten hätten international zu Irritationen geführt. Kolleg:innen im Ausland fragten sich teilweise, ob sie in Deutschland noch unbesorgt vortragen könnten. Fragen von Wissenschaftsfreiheit lassen sich damit auch bei Internationalisierungen als eine weitere Dimension hinzufügen.

Zwischen den Beiträgen setzte das Dortmunder Bläserquartett *Windstärke 4* den musikalischen Rahmen. Greta Schlautmann (Flöte), Martin Gerdes (Oboe), Sebastian Karier (Klarinette) und Maral Mahoudi (Fagott) spielten heitere und ernstere Stücke aus dem Quartett Nr. 2 des dänischen Komponisten Wilhelm Ramsø.

In der anschließenden Öffnung für das Publikum wurde die Rolle der soziologischen Lehre bei den genannten Herausforderungen diskutiert, die Notwendigkeit von Grundlagen- und anwendungsorientierter Forschung – und die Frage, welche Freiräume es braucht, damit wissenschaftliche Kreativität und auch Mut für (vermeintlich) »versponnene und abseitige Sachen« gedeihen können, so *Angelika Poferl.* Sie erinnerte schließlich daran, dass Wissenschaftsfreiheit immer auch andere Freiheiten voraussetzt: die existentielle Freiheit, nicht um die eigene Existenz fürchten zu müssen, und die Freiheit, zum Beispiel als Frau oder als Angehörige einer Minderheit angstfrei denken zu dürfen. Damit endete eine Veranstaltung, die eindrücklich vor Augen führte, wie Entwicklungen, die Demokratien und die Freiheit der Wissenschaft unter Druck setzen, unser neues Institut und unser Fach berühren und herausfordern.

Mona Motakef, Ann-Kathrin Schierok, Finja Tschampel,
Birgit Zeyer-Gliozzo und Christian Deindl

In memoriam Johannes Weiß (3. Juli 1941 – 24. September 2025)

Der Philosoph und Soziologe Johannes Weiß war von 1981 bis 2005 Inhaber der Professur für Soziologische Theorie und Philosophie der Sozialwissenschaften sowie Kultursoziologie an der Universität Kassel, von 1999 bis 2003 Mitglied im Vorstand der DGS und während dieser Zeit auch Herausgeber dieser Zeitschrift sowie außerordentlich aktives Mitglied der DGS-Sektionen Soziologische Theorie (zeitweise als deren Sprecher) und Kultursoziologie. Daneben engagierte er sich als Herausgeber der *Soziologischen Revue* und der *Sociologia Internationalis* sowie im Beirat des *Berliner Journal für Soziologie* und der Zeitschrift *Self and Agency. A Journal of Applied Sociology*. Er war ferner von 1991 bis 1993 Gründungsdirektor des Instituts für Kulturwissenschaften der Universität Leipzig, wofür ihm die Caspar-Borner-Medaille für Verdienste um die Erneuerung der Universität Leipzig verliehen wurde. Zudem war er von 1995 bis 1998 geschäftsführender Direktor des Wissenschaftlichen Zentrums für Kulturforschung der Universität Kassel sowie Fellow des Kollegs Friedrich Nietzsche in Weimar und des Max-Weber-Kollegs der Universität Erfurt.

Nach Studium und Promotion an der Universität zu Köln – mit einer Arbeit über »Weltverlust und Subjektivität. Zur Kritik der Institutionenlehre Arnold Gehlens« – wandte er sich insbesondere dem Denken Max Webers und dessen Nutzbarmachung in soziologischen und gesellschaftsdiagnostischen Debatten der Gegenwart zu. »Max Webers Grundlegung der Soziologie« (1975), »Das Werk Max Webers in der marxistischen Rezeption und Kritik« (1981, englisch 1986) sowie die Herausgabe von »Marx oder Weber?« (1987 mit Stefan Böckler), »Max Weber heute« (1989) und »Verstehende Soziologie und Wertfreiheit« (Band I/12 der Max-Weber-Gesamtausgabe, 2019 mit Sabine Frommer) zeugen zusammen mit einer großen Zahl von Aufsätzen und Vorträgen von dieser lebenslangen Auseinandersetzung mit dem Werk Max Webers. Dessen verstehende Soziologie faszinierte ihn insbesondere deshalb, weil sie die individuellen Menschen mit ihrem subjektiv gemeinten Sinn und ihrem daran orientierten Handeln in den Mittelpunkt stellt. Dabei begriff er Webers individualistische Ausrichtung nicht reduktionistisch. Denn soziologisch richtig interessant werde es erst dann, sagte er einmal, wenn es um soziale Beziehungen und deren Ordnungen gehe. Auch in seinem Wissenschaftsverständnis war Weiß stark von Weber geprägt. Wahrheits- und Objektivitätsorientierung waren für ihn fest mit der

Wertfreiheit in der Wissenschaft verbunden. Eine Vermischung von Sein und Sollen, ein Punkt etwa, der in seiner Auseinandersetzung mit Jürgen Habermas eine Rolle spielte, lehnte er deutlich ab. In methodologischer Hinsicht war er beeindruckt davon, wie entschieden und umfänglich Weber Fragen kausaler Erklärungen verfolgte, für die er im Anschluss an einschlägige Arbeiten zeitgenössischer Wissenschaftler (etwa Johannes von Kries) verschiedene Konzepte entwickelte (objektive Möglichkeit, Chance und so weiter). Weiß teilte die Ansicht, dass Weber solche auf »kausale Durchsichtigkeit« hin angelegte Erklärungen nicht nur für die Naturwissenschaften, sondern in gleich strikter Weise für Geschichts-, Kultur- beziehungsweise Sozialwissenschaften und auch die verstehende Psychologie als möglich erachtete.

Schon seit den frühen 1980er Jahren hat sich Johannes Weiß immer wieder mit der Entwicklung der Soziologie in den osteuropäischen Staaten befasst und zahlreiche Kontakte zu ostdeutschen und osteuropäischen Soziologinnen und Soziologen aufgebaut, gepflegt und nach 1989 erweitert, nicht zuletzt in seiner Tätigkeit an der Universität Leipzig. Die eingangs erwähnte Ehrung zeugt davon.

Seit den 1990er Jahren trat mehr und mehr eine kritische Auseinandersetzung mit Gegenwartsthemen – etwa in »Vernunft und Vernichtung« (1993) oder »Handeln und Handeln lassen: Über Stellvertretung« (1998) – und mit den Voraussetzungen und Grenzen der Soziologie sowie der gesellschaftlichen Seite des Menschen im Verhältnis zu seiner individuellen Existenz hinzu, so in dem von ihm herausgegebenen Band »Die Modernität der Romantik« von (1999 mit Urte Helduser) und dem unter seiner Herausgeberschaft 2001 erschienenen Band »Die Jemeinigkeit des Mitseins: Die Daseinsanalytik Martin Heideggers und die Kritik der soziologischen Vernunft« oder, um ein späteres Beispiel herauszugreifen, in einem Aufsatz von 2008 zum Verhältnis von Einsamkeit und Freundschaft als Pole menschlicher Existenz, gedacht vom individuellen Dasein, nicht von der gesellschaftlichen Prägung her.

Prägend war Johannes Weiß jedoch nicht zuletzt als leidenschaftlicher Redner und Diskutant, für den die intellektuelle Debatte Berufung war. Auch war er ein inspirierender Lehrer, der mit seiner Begeisterung und Streitbarkeit in der Sache mitreißen konnte. Dabei zeichneten ihn drei Eigenschaften besonders aus: seine intellektuelle Redlichkeit, seine menschliche Unvoreingenommenheit und seine Bescheidenheit. Er hat selbst dann, wenn es hoch her ging, nie versucht, aus einem Argument durch rhetorische Mittel mehr zu machen, als es ist.

Ferner hat er zu seinem eigenen Unwissen immer genauso gestanden wie zu seinen Irrtümern, aber auch zu den Dingen, die er für richtig, aber nicht letztbegründbar hielt. Er hielt es in dieser Hinsicht mit Blaise Pascal, den er gerne las: »Wir erkennen die Wahrheit nicht nur durch die Vernunft, sondern auch durch das Herz« (Pensées, Fragment 282). Sein *Colloquium socio-philosophicum* war ein sozialer Ort, der nah an die Realisierung des Ideals eines herrschaftsfreien Diskurses herankam. Zwar leitete er das Colloquium väterlich, aber es galt ganz klar immer der zwanglose Zwang des besseren Arguments und die Gleichheit aller Beteiligten in Bezug auf die Möglichkeit, sich zur Sache zu äußern. Als Doktorvater akzeptierte er geistige Eigenständigkeit nicht nur: Er erwartete sie geradezu und förderte sie durch seine menschliche Wärme. Zuletzt waren da noch seine sprichwörtliche Bescheidenheit und seine Gelassenheit. Die lebte er täglich vor. Für Zeitgenossen, die sich selbst zu wichtig nahmen, hatte er einen milden rheinländischen Humor übrig. Mehr noch als Wissenschaftler und Philosophen werden wir ihn daher als Mensch vermissen.

Stefan Böckler, Rainer Greshoff, Klaus Lichtblau, Janosch Schobin und Thomas Schwietring

Johannes Weiß war einer der »erstberufenen« Professor:innen Ende der 1970er Jahre an der kurz zuvor erst neu gegründeten Gesamthochschule Duisburg, eine ehemalige Fachhochschule, die sich bald in Universität-Gesamthochschule Duisburg umbenannt hat, später mit der Universität Essen fusioniert wurde und heute Universität Duisburg-Essen heißt, da wo der diesjährige Soziologie-Kongress der DGS stattgefunden hat. Es war eine bemerkenswerte Konstellation: Kolleg:innen mit einer ausgesprochenen Identifikation mit der »Gesamthochschule« und eher auch dem Geist der 68er Zeit verschrieben und daneben eine Mischung eher traditionaler Affinitäten und Affiliationen, praktischer Vorstellungen, methodischer Neuerungen und der analytisch-neutralen Auffassung der Soziologie folgend; das alles noch einmal gekreuzt mit der damals gerade erst so richtig aufbrechenden Vielfalt der Paradigmen. Bekanntlich kann das zwei Folgen haben: die Spaltung in mehr oder weniger feinkörnig getrennte Inseln oder aber – selten genug – die Entstehung eines bunten Kosmos in einem übergreifenden herrschaftsfreien Diskurs, alles andere als ohne Spannungen und Provokationen, aber immer geprägt von der Möglichkeit und dem Bestreben des gegenseitigen Verstehens über das akademische Fachgespräch. In Duisburg kam es, dass sich, mindestens für eine gewisse Zeit, »Rechner«, Systemtheoretiker, Habermas-Adoranten, Marxisten, Mainstream-Soziologen, auch Wissenschaftsclowns, Blender und Bluffer, und »Literaten« zusammenfanden und – wie ein Wunder – zu einer lockeren und fruchtbaren Kommunikations-Einheit wurden. Johannes Weiß war von der zweiten Variante, auf seine Weise freundlich, unauffällig meist, aber immer verbindlich und bei Gelegenheit auch klar exponiert, weil ungeheuer belesen und interessiert. Daraus ist im Laufe der weiteren Zeit auch ein Kern der analytisch-empirischen Soziologie entstanden, der in der groben wissenschaftstheoretischen Orientierung und in manchen Themen an verschiedenen Stellen so gut wie gleichzeitig aufgeblüht ist. Johannes Weiß hat diesen Kern in seiner Spannweite repräsentiert und verfochten wie kaum jemand sonst, gerade auch als »Literat«: Er fühlte sich stets so, wünschte in der SOZIOLOGIE mehr an »literarischer Qualität« für die Soziologie und in der SOZIOLOGIE und lobte einige neuere populäre Produkte der Soziologie, die es auf den Schreibtisch von Friedrich Merz geschafft hatten, ausdrücklich dafür. Dass sich das alles so zusammenfinden konnte, war, auch wenn nicht alle immer alles verstanden haben, wiederum kein Wunder, wenn man wusste, dass Johannes Weiß die Schriften von Max Weber kannte wie kaum jemand sonst und es verstand, dessen Vorstellungen zu einer verstehend-erklärenden, historisch gesättigten, wertneutralen und empirisch kontrollierten Soziologie zu vereinen, in der alle Elemente kombiniert sind, die in den üblichen Paradigmen getrennt behandelt werden. Interessen, Institutionen *und* Ideen, Erklärung, Beschreibung *und* Sinnverstehen.

Johannes Weiß war kein Vielschreiber und gewiss auch kein soziologischer Selbstdarsteller, aber es gibt Dokumente für das, wofür er stand. Eines der deutlichsten ist seine Besprechung der »Foundations« von James S. Coleman, an dem sich wie kaum sonst noch die Richtungen abgearbeitet und gespalten haben: die einen in einer Art von ritualisierten Unterwerfung unter den rationalchoicesurveyvignettenvariablenquantideskriptivanalytischen Ansatz, die anderen in der verächtlich-subalternen Abweisung aus der Sicht der Kulturkörpergenderqualitheorieaffektekonstruktivismuspraxologiediskursforschung, wie es in Heft 3, 2025, der SOZIOLOGIE von der ehemaligen Vorsitzenden der DGS zur Kennzeichnung dieser Dualisierung heißt. Der erste Satz dieser unter dem Titel »Reflexiver Individualismus« 1994 in der Soziologischen Revue erschienen Besprechung lautet: »Colemans Buch ist ein Ereignis und ein großer Glücksfall für die gegenwärtige Soziologie, zumal die deutsche.« Das war 1990, also etwa 25 Jahre vor dem *German Divide* der Soziologie. Und worin besteht der »Glücksfall«? Es lohnt sich ein längeres Zitat. Es handele sich um

»einen im ganzen und einzelnen höchst intelligenten und inspirierenden Versuch, die theoretische Erklärungskraft und, in eins damit, den politisch-praktischen Nutzen der Soziologie zu demonstrieren. Coleman führt vor, daß und wie die Soziologie als theoretische Erfahrungswissenschaft ihre angestammte, in den letzten Jahren aber – teils durch blinde Betriebsamkeit, teils durch überschwengliche Ambitionen – heruntergewirtschaftete Aufklärungsfunktion zu erfüllen und gerade auch den Gebildeten unter ihren Verächtern ihre Unverzichtbarkeit vor Augen zu führen vermag.«

Natürlich hat Johannes Weiß gesehen, dass Coleman einige hoch umstrittene Ausgangspositionen belegt und daran auch von sich aus keinen sonderlichen Zweifel belässt: Methodologischer Individualismus, deduktiv-nomologische Erklärung und Wahrheitsfindung als Maxime und *Rational Choice* in einer besonders strengen Variante, der des Utilitarismus. Das wird nicht bestritten. Anders als in den bekannten Abwehrreflexen, die es damals auch schon oder gerade gab, kannte Johannes Weiß die nötigen Einordnungen: Die Theorie der rationalen Wahl ist für Coleman ein nötiges Instrument, nämlich zur präziseren Modellierung und besseren Messung, kein unumstößliches Dogma. Das Oberziel bleibt immer die Erklärung, das aber nicht über unumstößliche Makrogesetze der Gesellschaft, sondern ganz im Gegenteil über den Makro-Mikro-Makro-Übergang nach dem Modell der soziologischen Erklärung, die von ihm popularisierte »Badewanne« also. Aus seiner Kenntnis der Arbeiten von Max Weber, der Kultursoziologie und der Bedeutung des »Verstehens« für jede Erklärung in der Soziologie sieht Johannes Weiß die Besonderheiten des Modells auch ganz im Unterschied zu den Erklärungen in den Naturwissenschaften, die das »Verstehen«, den »Sinn«, die symbolisch-interpretative »Definition der Situation« und die Unterscheidung der »Konstruktionen« erster und zweiter Ordnung nicht kennen und auch nicht brauchen. Die soziologischen Erklärungen brauchen diese Unterscheidung jedoch sehr wohl, können und müssten dann aber damit in einer Weise vorgehen, die methodologisch nicht anders ist als die der Naturwissenschaften: nomologisch-explanativ und mit der regulativen Idee der Wahrheitsannäherung als konsentierter Leitlinie.

Auf dieser Linie spürt Johannes Weiß mit der ihm eigenen Akribie jenen Stellen nach, in denen Coleman den von ihm selbst so eng gezogenen Rahmen, teilweise auch sehr kräftig, überzieht; dann aber eben *nicht* sofort den Schluss zieht, es sein zu lassen mit Erklärung, Modellierung, Präzision, Quantifizierung und Messen, sondern bewusst bei dem Oberziel, Erklärung, und der Methode bleibt, die der jeweiligen Frage angemessene Technik einzusetzen, um dahin zu kommen, mal qualitativ, mal quantitativ und mal, ganz im Kern jeder Erklärung, narrativ-beschreibend, je nach Sachlage und Problemlage: *thick* oder *thin*.

An einigen Stellen verlässt Johannes Weiß, so hat man ihn immer auch gekannt, aber die gelassene Nachsichtigkeit, etwa bei der Thematik der *agency*, die Coleman im Zusammenhang seiner Theorie der modernen Gesellschaft eingeführt hat, speziell die Konzepte des korporativen Akteurs und der »Stellvertretung«, die er nicht auseinander halte: Der korporative Akteur spreche, so Weiß, in »subalterner Aufgabenerledigung«, der »Stellvertreter« aber als »Verkörperung transzendenter Ordnungen«, und der sei daher »die – einzige – Art und Weise, wie Kollektive und Organisationen im Handlungszusammenhang moderner, also hochdifferenzierter und auf das individualistische Credo verpflichteter Gesellschaften zu operieren vermögen.« Und manches mehr. Diese Kritik ist aber eben nicht als Absage an das erklärende Programm gedacht oder an eines, das nur eine gewisse Position im Spielfeld der Paradigmen einnehmen solle und könne, sondern als Aufforderung, diese und andere Lücken und die vielen schwarzen Löcher des Ansatzes zu beseitigen und zu einer möglichst weit ausgebauten Methodologie zu kommen. Einer Methodologie, die auch die Kultur und die »Ideen« enthält und die die Unterscheidung von Handlungstypen wie bei Weber als eigenes Arbeitsgebiet im Prozess einer kumulativen und damit auch integrativen Entwicklung der Soziologie wie der Sozialwissenschaften insgesamt versteht und anmahnt.

Johannes Weiß war, wie gesagt, in der (soziologischen) Öffentlichkeit nie besonders auffällig und schon gar nicht lautstark. Es war eher die fast unmerkliche Art und Weise, wie er seine Vorstellungen vorbrachte, manchmal fast wie bei der chinesischen Hinrichtung, wo der Delinquent fragt, wann es denn endlich losgehe und der Scharfrichter leise sagt: »Nick mal!«. Gerade deshalb war er in vielen Gremien präsent: zurückhaltend, präzise, auf den Punkt dann, wenn es ernst wurde, auch scharf. So gut wie jede Jury für Auszeichnungen oder Institutsgründungen hat ihn angefragt und gebraucht, und er hat sich auch den fachpolitischen Aufgaben bereitwillig gestellt: Als Mitglied des Vorstands der DGS, als Mitbegründer der Theorie-Sektion der DGS oder als Mitglied des Fachkollegiums Sozialwissenschaften der DFG, einer besonders schwierigen Aufgabe, nämlich die Balance zu halten zwischen den »Rechnern« und den »Literaten«, auch wenn es um viel Geld ging. Immer war es dann so wie in den Anfängen in Duisburg: Als »Stellvertreter«

einer Position im Sinn der Soziologie nach Max Weber, der sehr genau zu erkennen und zu bewerten wusste, wann es nicht mehr so weiter gehen könne und wann es galt, bei Außenseiterpositionen, die etwas ungewöhnlich klangen, die Anschlussmöglichkeiten und produktiven Kerne zu sehen, und das dann in der ihm eigenen fundierten, bedächtigen und verbindlichen Art vorzutragen wusste.

Vor diesem Hintergrund war es auch nur naheliegend, dass sich Johannes Weiß vor nunmehr bald zehn Jahren, bereit erklärte, aktiv zu werden und die Entwicklungen in der DGS nicht einfach so weiter treiben zu lassen. Es hat, wie wir wissen, nichts genutzt, und ob die Ausgründung der »Akademie für Soziologe« der Sache der Soziologie zum Besseren geführt hat oder nicht, wird gerade derzeit wieder heftiger diskutiert. Johannes Weiß hat die Argumente für eine Reform an Haupt und Gliedern seinerzeit mit Überzeugung geteilt, die Abspaltung früh mit zu verhindern versucht und es sehr bedauert, dass eine Einigung nicht gelungen ist, wohl auch nicht mehr zu erreichen gewesen war. Der »Akademie« wollte er dann aber doch nicht beitreten. Er würde wohl zu viele Freundschaften verlieren, war seine Begründung.

Johannes Weiß ist am 24. September 2025 gestorben. Er hat sich mit den »Duisburger Erstberufenen« bis zum letzten Jahr immer noch regelmäßig getroffen, und es waren stets Gelegenheiten sich darüber auszutauschen, wie sich die Dinge auch aus der Duisburger Vergangenheit heraus entwickelt haben. Nicht immer kam dann Freude, Zuversicht und, warum denn nicht? Genugtuung über unser Fach auf. Aber es gab bei den Klagen auch nicht jene überhebliche Selbstgewissheit, Verbitterung und Schärfe, wie sie sich etwa über die sozialen Medien und die diversen Podcasts inzwischen so breit gemacht haben. Es war eher eine Art von humoriger Verwunderung und viel Gelächter beim gegenseitigen Vorlesen der oftmals so seltsam nichtssagend-geschwollenen Passagen aus Positionspapieren und CfP-Themen für das, was in der Soziologie gegenwärtig als so bedeutsam gilt. Er fehlt jetzt sehr, nicht nur dabei.

Hartmut Esser

In memoriam Claus Offe (16. März 1940 – 1. Oktober 2025)

My earliest encounters with Claus Offe were among the most inspired and consequential moments of my scholarly life. In 1977, as a young doctoral candidate working under the supervision of C.B. Macpherson at the University of Toronto, I summoned up the courage to write him a letter of invitation to be the star contributor to a Canadian Broadcasting Corporation public event. Claus graciously accepted. There was a full house of thinking people in our grand domed rotunda Convocation Hall. His speech about contemporary theories of the crisis of states in the Atlantic region was later transmitted as a radio documentary in the flagship CBC's Ideas series.

Claus and I stayed in touch by letter, and we met regularly whenever the opportunity arose. I grew to know him well. A distinguished and hardworking scholar equipped with broad shoulders, a warm smile and a love of good beer and tasty cigarettes, I admired his personal seriousness, wicked sense of humour, his intellectual daring and no nonsense, unorthodox political restlessness. It wasn't long before I came to regard Claus as one of my mentors: a wise and trusted scholar whose generous encouragement and unflagging support brought out the best in me, a distinguished older scholar who had no interest in winning me over as a disciple of his ways of thinking, but who quietly saw in me things I hadn't seen and whose advice also helped me become what I am today.

The highlight of this early period, it turned out, was our work of collaboration on a proposed volume of essays inspired by the momentous general election victory of Margaret Thatcher (in early May 1979) and the foundation in Karlsruhe, some months later, of *Die Grünen* (in January 1980). We talked many hours about the possible historic significance of these two contrasting but interconnected events. We strongly agreed that it was intellectually and politically important to make sense of the otherwise perplexing confluence of the strong state, free market, populist politics symbolised by the Iron Lady and the formation of an ›anti-party party‹ grounded in the student, antinuclear, environmentalist, feminist and other social movements of the 1960s and 1970s. And so it happened, in the early 1980s, that our discussions served as the incubator of plans to publish in English a new book of essays on these subjects. »Contradictions of the Welfare State« was the result.

Originally published in 1984, the pink-covered volume was the first collection of Claus Offe's essays to appear in a single volume in English. A translation of his thesis »Leistungsprinzip und industrielle Arbeit« had appeared some years earlier (in 1976) as »Industry and Inequality«; but that volume, Claus later always agreed, had nowhere near the wide readership and impressive scholarly impact enjoyed by »Contradictions of the Welfare State«. Measured in terms of sales, citations and enthusiastic reviews, it was his most successful book. It caught the winds of the times in its sails, and it did so as a crafted artefact in a double sense: Not only was there no equivalent German language edition, but the essays we selected, two of which I translated from the German original, were arranged so that their rather divergent styles – as research summaries and conference papers, as contributions to journals and books, and (in one case) as a radio broadcast – weren't squeezed into a falsely homogeneous whole. This was avowedly and unapologetically a book of essays, Claus's preferred literary genre. While several of its essays were already available in English, we considered their republication in one volume to be justified by the growing global interest in Claus's writings, by the well-known difficulty of procuring them in a pre-digital age, and by the mounting political controversies confronting the future of welfare state-regulated capitalism. It was a great honour and pleasure to work with Claus. I carefully checked the existing translations and either amended or retranslated them entirely. Claus agreed to include a long interview ›Reflections on the welfare state and the future of capitalism‹, which we recorded during the latter months of 1982 in London and at the Netherlands Institute for Advanced Study (NIAS), where Claus was spending a year's sabbatical. With his usual modesty, he offered his warm thanks for my »thoughtful comments and friendly advice«« and my editorial work of correcting what he described, with a wry self-mocking smile, his Berliner's ›Teutonic English‹.

»Contradictions of the Welfare State« covered a wide range of subjects related to the breakdown of the post-1945 settlement and the origins of the developing crisis of the welfare state – what he called the ›crises of crisis management‹ of ›decommodified‹ state-regulated capitalist systems. In compelling interdisciplinary style and with great conceptual rigour, the book bravely utilised systems theory, Marxism, Frankfurt School insights and empirical data to pioneer new ways of critical thinking about the origins of the contemporary difficulties of Keynesian welfare states. It set out to explain why, in those times, many of these states suffered chronic fiscal, planning and legitimation problems, and why, in consequence, they were no longer capable of fully managing the socio-political problems and conflicts generated by late capitalist societies. The book analysed the electoral and political failures of social democracy and the viability of Thatcherite, neo-corporatist and democratic socialist proposals for restructuring the welfare state. It also offered what I and many much more senior scholars considered to be conceptually fresh and penetrating insights into a range of related subjects, including the emergence of new social movements, citizens' growing disaffection with political parties, the rule of law, the future of labour markets, trade unions and social planning and, for good measure and great prescience, whether the ideals of democratic socialism might possibly enjoy a viable future.

Four decades later, »Contradictions of the Welfare State« remains in print. There are several pirated editions, translations are available in a handful of European languages, and there's an edition published in simplified Chinese. Although, sadly, Claus Offe is no longer with us, the continuing influence and popularity of his wonderful book is more than a testimony to his brilliance as a political sociologist and public intellectual. It is an unmistakable marker of the ongoing relevance of his life's work, a clarion call to younger scholars everywhere to carry on where he left off, an invitation to employ revised versions of his methods and ways of critical thinking to make intellectual and political sense of the turbulent dark times through which we are currently passing.

John Keane

In memoriam Hermann-Anders Korte (28. März 1937 – 14. Oktober 2025)

Vor 88 Jahren wurde Hermann-Anders Korte in Münster als Sohn des Musikprofessors Werner Korte und dessen Frau Ingeborg Korte, geborene Strunk, geboren. Zunächst erlernte er den Beruf des Sozialarbeiters, ab 1964 studierte er in Münster Soziologie und wurde studentischer Mitarbeiter von Dieter Claessens. Schon als Student widmete er sich der Stadtforschung. 1965 lernte er dort Norbert Elias kennen und wurde auf Bitten von Claessens dessen studentischer Assistent.

Nach dem Wechsel von Dieter Claessens an die FU Berlin arbeitete Hermann Korte 1966/67 in Münster zunächst für dessen Nachfolger Niklas Luhmann, wechselte dann 1967 zu Claessens an die FU Berlin und erlebte dort die Hochzeit der Studentenbewegung. Von Berlin ging er nach Bielefeld zu Helmut Schelsky, der den Auftrag hatte, der neu gegründeten Universität eine Struktur zu geben. Dort wurde er 1970 mit der Dissertation »Multifunktionaler Städtebau und politische Öffentlichkeit« promoviert und war wesentlich am Aufbau der Universität Bielefeld beteiligt. Von 1974 bis 1993 wirkte Korte als Professor für Stadt- und Regionalsoziologie an der Ruhr-Universität Bochum, wo er in seiner langjährigen Tätigkeit als Prorektor für Struktur und Finanzen den Aufbau der ersten Universität im Ruhrgebiet mitgestaltet hat. 1993 folgte er dem Ruf an die Universität Hamburg auf die Professur für Allgemeine Soziologie und Stadtsoziologie. Dort war er bis zu seiner Pensionierung im Jahre 2000 tätig, leitete die Forschungsstelle Vergleichende Stadtforschung und war zuletzt Gründungsdirektor des *Center for Globalisation and Governance*.

Hermann Kortes Forschungsfelder lagen vor allem in der Stadt- und Regionalsoziologie und der Migrationsforschung, später auch in der Allgemeinen Soziologie. Besonders verdient hat er sich um das Werk des Soziologen Norbert Elias gemacht. Als Mitglied des Vorstands der *Norbert Elias Foundation* und als Hochschullehrer hat er einen entscheidenden Beitrag dazu geleistet, dass die Figurations- und Prozesssoziologie in Forschung und Lehre lebendig gehalten und heute auch interdisziplinär präsent sind, wie es zu Lebzeiten von Elias nicht vorstellbar gewesen war.

Hermann Korte gehörte zu der Generation von Soziolog:innen, die die Soziologie als akademische Disziplin in den 1970er Jahren an den alten und neuen Universitäten in der Bundesrepublik Deutschland wesentlich mitaufgebaut haben. Sein Engagement als Wissenschaftler und Wissenschaftsmanager, als Hochschullehrer und Mentor war außergewöhnlich.

Der Wissenschaftler und Wissenschaftsmanager

Hermann Korte war kein Forscher in dem Sinne, dass er sich in Datensätze vertiefte, Karteikästen anlegte für komplizierte theoretische Ausführungen oder sich in Archive vergrub. Er war ein Macher und verstand seinen Beruf als eine Gestaltungsaufgabe. Gestalten bedeutete für ihn: Universitätsstrukturen verbessern, um die Qualität in Forschung und Lehre zu sichern. Er war davon überzeugt, dass die Grundlage einer guten Universität eine starke akademische Selbstverwaltung ist. Gremienarbeit war für ihn deshalb nicht eine lästige Begleiterscheinung der professoralen Tätigkeit, sondern ein elementarer Bestandteil einer demokratisch aufgebauten wissenschaftlichen Institution. Und so brachte er seinen ›Schüler:innen‹, wie er sie etwas altmodisch nannte, bei, dass man als Professor die Universität mitgestalten wollen und sich für eine funktionierende akademische Selbstverwaltung stark machen muss. Top-Down-Modelle lehnte er ab. Kurz vor seiner Pensionierung hatte er noch einen viel beachteten Artikel in der ZEIT publiziert: »Die Universität kann sich nur selbst retten«, und das meinte er sehr ernst.

Alle Universitäten, an denen er tätig war, versucht er zum Besseren zu verändern. Das gilt für die Lehre, für die Qualitätssicherung in der Nachwuchsförderung, aber auch für den Bereich der Dienstleistungen und der Verwaltung.

Zu seinem Selbstverständnis gehörte auch die Übernahme von Ehrenämtern in außeruniversitären wissenschaftlichen Einrichtungen. Lange bevor das Stichwort ›Transferleistung‹ an den Universitäten zu einer Verpflichtung wurde, hat er deren Wert erkannt. So war er in vielen Stiftungen engagiert, nicht selten in führenden Positionen, und nach seiner Pensionierung auch im PEN-Zentrum Deutschland, dem er zunächst als Vorstandsmitglied (2004–2011) und später als Schatzmeister (2018–2021) angehörte. Das Engagement im PEN-Zentrum war für ihn ein konsequenter Schritt, hatte er sich doch schon in seinen wissenschaftlichen Schriften immer eher als Autor verstanden, der für ein breiteres Publikum als ausschließlich für die soziologische Fachöffentlichkeit schreibt.

Für seine zahlreichen Verdienste innerhalb und außerhalb der Universität erhielt er im April 2024 das Bundesverdienstkreuz am Bande.

Der Hochschullehrer

Hermann Kortes großes Engagement galt der Qualitätssicherung der Lehre. Vor allem hier war ihm ein wichtiges Anliegen, Transferleistungen und Praxisbezüge der Soziologie sichtbar zu machen. Geprägt durch das prozess- und figurationssoziologische Denken von Elias legte er ein besonderes Augenmerk darauf, das Fach Soziologie selbst als einen fortwährenden Prozess zu begreifen und die Geschichte soziologischen Denkens lebendig zu halten. Insofern war ihm auch die Vermittlung von ›Klassikern‹ ein Herzensanliegen.

Gemeinsam mit Bernhard Schäfers setzte Hermann Korte diese pädagogisch-didaktischen Überlegungen um. In den Jahren 1992 und 1993 erschien erstmals der vierbändige »Einführungskurs Soziologie« im Verlag Leske + Budrich. Die Bände hatten das Ziel, das soziologische Grundstudium zu kanonisieren und zu standardisieren. So viel Energie und pädagogischen Elan in Einführungsbücher zu stecken, war damals ungewöhnlich und eine Pionierleistung, die äußerst erfolgreich war und der bis heute viele Einführungswerke folgten. Aufgrund seines Interesses an der historischen Genese des Faches war es nur konsequent, dass Korte den Band des Einführungskurses zur Geschichte der Soziologie selbst verfasste und für die vielen weiteren Auflagen aktualisierte.

Das jahrzehntelange Engagement für das Werk von Norbert Elias kann hier nur skizziert werden. Nachdem Hermann Korte Elias als studentischer Mitarbeiter in Münster kennengelernt hatte, wurde er dessen Schüler, sein Privatsekretär, dann der Verwalter und Manager der Norbert Elias Foundation und Elias' enger Freund. Kortes wissenschaftliche Verdienste für Elias bestehen vor allem darin, die Edition der Gesammelten Schriften von Elias beim Suhrkamp-Verlag unterzubringen und eine Neuausgabe – mit der Unterstützung der Fritz Thyssen Stiftung – vorzubereiten sowie durch eigene Forschung, zahlreiche nationale und internationale Tagungen und Publikationen und die Betreuung von Nachwuchsarbeiten die Prozess- und Figurationssoziologie als soziologisches Paradigma zu etablieren. Auf sein Engagement ist es auch zurückzuführen, dass der Nachlass von Norbert Elias eine Heimat im Deutschen Literaturarchiv in Marbach am Neckar fand und dort zugänglich ist. So ist es – im Zusammenwirken, insbesondere mit Kolleg:innen aus England und den Niederlanden – wesentlich Hermann Korte zu verdanken, dass die Prozess- und Figurationssoziologie nach wie vor breit international und interdisziplinär rezipiert wird.

Der Mentor

Hermann Korte war in vielfacher Hinsicht ein großzügiger Mentor: Zum einen öffnete er dem wissenschaftlichen Nachwuchs Türen zu jenen Netzwerken, die er aufgrund seines Ansehens und seiner zahlreichen Ehrenämter aufgebaut hatte. Großzügig meint auch, dass er seine Mitarbeiter:innen und Doktorand:innen zu Arbeitsferien einlud – in die Toskana, die Pyrenäen oder nach Ostfriesland. An manchen dieser Arbeitsferien nahmen auch seine Familie, seine Frau Elke und die damals noch sehr jungen Kinder Jens und Inga teil sowie mitunter auch die Kinder von Mitarbeiter:innen. Diese Nähe und gemeinsame Erfahrung war ein wichtiges Korrektiv zu der sogenannten Massenuniversität, die wir als Babyboomer:innen in immer überfüllten Seminaren – mitunter auf dem Boden sitzend, umgeben von rauchenden und strickenden Personen – kennengelernt hatten. Die Überzeugung, dass kein Professor unsere Namen kennt oder mit dem Namen auf den Hausarbeiten ein Gesicht verbindet, wurde durch Hermann Kortes Zugewandtheit und Interesse widerlegt.

Sein Engagement für den wissenschaftlichen Nachwuchs war immens. Häufig hat er wissenschaftliche Fähigkeiten und Fertigkeiten von jungen Wissenschaftler:innen erkannt, die diese selbst nicht gesehen haben und hat sie motiviert, eine akademische Karriere anzustreben. Hermann Korte war ein Hochschullehrer, der mit den Mitarbeiter:innen das praktiziert hat, was man gern ›Augenhöhe‹ nennt.

Dabei hatte er es sich zur Aufgabe gemacht, vor allem die Karriere von Frauen zu fördern. Das war damals nicht selbstverständlich – und ist es vielleicht auch heute noch nicht. Da wir damals kaum weibliche Vorbilder an der Universität vorfanden, gab sein Vertrauen die nötige Sicherheit, unbekannte Wege zu gehen und neue Themenfelder zu bearbeiten. Thematische, theoretische, methodische oder biografische Entscheidungen, die nicht seinen Erwartungen entsprachen, haben ihn mitunter enttäuscht. Aber es kam für ihn nicht in Frage, deswegen den Kontakt und die Freundschaft zu beenden. Sein Interesse an seinen ›Schüler:innen‹ ließ auch nicht nach, als wir bereits Professuren innehatten oder andere berufliche Positionen übernommen hatten. Ganz im Gegenteil: Er nahm immer wieder Kontakt zu ehemaligen Doktorand:innen und Student:innen auf, besuchte sie, lud sie ein und nahm an ihrem Leben teil.

Hermann Korte war ein Mensch, der die Spannungen seiner Biografie – der zwei Jahre vor Beginn des Zweiten Weltkrieges geborene Münsteraner Professorensohn und studentenbewegte Soziologe, der Sozialarbeiter und angesehene Professor – in Einklang bringen konnte. Auch sein Berufsverständnis war von dieser Spannung geprägt: der Doktorvater und seine Schüler:innen einerseits, der Reformer einer demokratisch verfassten Universität andererseits. Sein habituelles Selbstverständnis, sein mitunter beißender Humor, seine Erfahrung und sein Wissen, seine Zugewandtheit und Freundschaft werden uns fehlen.

Gabriele Klein und Annette Treibel

Habilitationen

Dr. Christian Schneickert hat sich am 6. November 2024 an der Fakultät für Humanwissenschaften der Otto-von-Guericke Universität Magdeburg habilitiert. Die Habilitationsschrift trägt den Titel »Soziale Milieus, habituelle Grundorientierungen und Klassenfraktionen in Deutschland und Europa. Distinktionskämpfe um Status und Wertschätzung in sozialen Räumen«. Die venia legendi lautet Soziologie.

Tagungen

Grenzsoziologie revisited. Gegenstandsbereiche, empirische Einsichten und theoretische Fundierungen

Tagung der Sektion Kultursoziologie am 26. und 27. Februar 2026 am Kulturwissenschaftliches Institut Essen (KWI)

Grenzen stehen – nicht nur vor dem Hintergrund jüngster politischer Geschehnisse wie der Wiedereinführung von Grenzkontrollen innerhalb der EU – im Zentrum aktueller Auseinandersetzungen. Während der Alltagsdiskurs von einem Verständnis von Grenzen dominiert wird, das sie als lineare, politisch-territoriale Demarkationen im Dualismus offen/geschlossen thematisiert, wendet sich die Forschung vermehrt den darüber hinaus gehenden komplexen Beziehungen zu, in denen sich Grenzen gesellschaftlich wiederfinden. Das zwischenzeitlich enorm gewachsene interdisziplinäre Feld der Grenzforschung (international als Border Studies gefasst) betrachtet Grenzen als multidimensionalen und heterogenen Gegenstandsbereich, dessen Einflussgröße innerhalb zeitgenössischer gesellschaftlicher Entwicklungen kaum zu unterschätzen ist. Die Tagung setzt bei der Beobachtung an, dass Grenzen trotz einer lebendigen interdisziplinären Debatte – getragen von vielfältigen Perspektiven aus Geographie, Kulturwissenschaft, Politikwissenschaft, Sozialanthropologie/Ethnologie und Geschichtswissenschaft – bislang in der Soziologie eine marginale Rolle spielen. Der Vorschlag einer Etablierung der Grenzsoziologie von Eigmüller und Vobruba (2006) liegt 20 Jahre zurück und seitdem gab es nur vereinzelt darauf aufbauende Ansätze, die Grenzsoziologie programmatisch weiterzuentwickeln. Ziel der Tagung ist es, diesen Vorstoß innerhalb der Soziologie neu aufzugreifen und ein breites Verständnis von Grenzsoziologie zu entwerfen. Insbesondere die im akademischen Diskurs etablierte Unterscheidung zwischen ›Grenze‹

(border) als räumlicher Markierung und ›Abgrenzung‹ (boundary making) als kultureller und sozialer Unterscheidungspraxis wollen wir präzisieren, kritisch hinterfragen und Potenziale ihrer (Nicht)Verknüpfung diskutieren.

Die Tagung der Sektion Kultursoziologie möchte eine soziologische Auseinandersetzung mit der Grenze als Begriff, Gegenstandsbereich und Forschungsperspektive bündeln – und neue theoretische, empirische sowie methodologische Impulse für eine Grenzsoziologie bieten. Insbesondere eine kultursoziologische Perspektive stellt Anknüpfungspunkte bereit, um ein breites soziologisches Verständnis von Grenzen zu entwickeln, das neben politisch-territorialen Aspekten auch sozio-kulturelle Identitäten und Praktiken, sowie Formen der Hybridität und Materialität miteinander verbindet. Aus unserer Sicht muss ein soziologisches Verständnis von Grenzen sowohl politisch-territoriale Demarkationen wie auch sozio-kulturelle Differenzierungen umfassen. Über essentialistische Konzeptualisierungen hinausgehend, steht die Frage im Zentrum, wie Grenzen als kulturelle Formen, als Gegenstand von Wissensordnungen, als Emergenzort von spezifischen Praktiken produziert, verhandelt und transformiert werden. Abgeleitete Fragestellungen umfassen unter anderem:

In welchen Prozessen wird Grenze als kulturelle Form hervorgebracht, und wie interagiert dies mit politischen, sozialen oder wirtschaftlichen Ordnungen? Wie werden kulturelle Praktiken, Rituale und Narrative in der Konstruktion und Aufrechterhaltung von Grenzen wirksam? Wie manifestiert sich die Symbolisierung von Differenzen in der kulturellen Verfasstheit von Grenzen? Wie lassen sich die konstituierenden Prozesse und die Wirkmacht von Grenzen in ihrem praktischen Vollzug beschreiben? Wie manifestieren und transformieren Grenzen Machtverhältnisse, soziale Ungleichheiten und Konflikte? Welche Formen von Grenzüberschreitungen lassen sich identifizieren und welchen Beitrag leisten sie zur Aufrechterhaltung oder Auflösung von Grenzen?

Geplant sind Beiträge, die die Vielschichtigkeit von Grenzen beleuchten – von der Kulturalisierung und Materialisierung von Differenzen über administrativ-bürokratische Praktiken von Grenzregimen hin zu sozialen Dynamiken in und um Grenzräume. Die Tagung bietet ein Forum, um unterschiedliche theoretische, methodologische und empirische Perspektiven zu diskutieren und ihr innovatives Potential für eine Soziologie der Grenze zu erörtern.

Ziel der Veranstaltung ist nicht nur die soziologische Auseinandersetzung mit Grenzen, sondern auch die Vernetzung von Forschenden zu diesem

Thema. Die Tagung soll eine Plattform bieten, um die Gründung eines Arbeitskreises Grenzsoziologie zu schaffen. Aus unserer Perspektive hat eine eigenständige Soziologie der Grenze das Potenzial, analytische und theoretische Perspektiven innerhalb der Soziologie zu erweitern. Dabei gilt es, die vielfältigen Facetten von Grenzen – von ihrer materiellen und räumlichen Ausgestaltung bis hin zu ihrer symbolisch-kulturellen und gesellschaftlichen Wirksamkeit – systematisch zu erfassen.

Prof. Dr. Elżbieta Opiłowska (Universität Wrocław) und Prof. Dr. Rudolf Stichweh (Universität Bonn) werden Keynote-Vorträge halten. Die Tagung wird organisiert von Dr. Annett Bochmann (Humboldt Universität zu Berlin), Dr. Ulla Connor (Universität des Saarlandes), Dr. des. Dominik Gerst (Universität Duisburg-Essen) und Dr. Vivien Sommer (Leibnitz Institut für Raumbezogene Sozialforschung, Erkner). Bei Fragen wenden Sie sich bitte an

Vivien Sommer
E-Mail: vivien.sommer@leibniz-irs.de und

Dominik Gerst
E-Mail: dominik.gerst@uni-due.de

Integrity, Solidarity, and Unity: Hopes and Realities of the European Future

32nd International Conference of Europeanists, June 16 to 18, 2026, at the University College, Dublin

European society, politics, law, and culture are imbued with shared ideas of integrity, solidarity, and unity. The end of the Cold War redrew the map of Europe as once oppressed societies gained independence and territorial integrity after decades, or even centuries of domination. But integrity was not simply related to borders, it was inextricably linked to solidarity – the idea that European countries would join together to promote social progress and democracy through shared ideas and institutions advancing European unity, however defined. Solidarity also captures Europe‹s efforts to build social and political institutions – the welfare state broadly defined – to provide collectively financed and organized social protections. Indeed, the »European Social Model« no matter how flawed, is for many the standard against which all advanced democratic societies should be judged. Similarly, solidarity implies individual autonomy embodied in shared values such as fundamental rights and the right to social protection.

European hopes around integrity, solidarity, and unity rest on loosely shared understandings of what the future should hold. Dashed hopes of the past show the importance of embedding individual and collective hopes in values of integrity and solidarity and in social and political realities. Seeking to realize hope through agency and an articulation of shared goals creates space for the exploration and realization of potential futures for Europe. The integrity of collective hopes grounded in shared values also means reimagining European futures in response to realities. Indeed, Russia's war against Ukraine, the radical reorientation of US policies toward Europe since January 2025, and the increasing flow of migrants and refugees from outside of Europe are daunting realities.

The conference is organized on an all-island basis, recognizing both the richness of scholarship that exists across Ireland and Northern Ireland and the continuing near invisibleness of the border, despite Brexit. The conference will officially open on June 16th, Bloomsday, the day on which Leopold Bloom meanders around Dublin in Ulysses, that most local and most European of novels, authored by James Joyce – the most celebrated alumnus of University College, Dublin.

Karen Anderson (UCD), Imelda Maher (UCD), and David Phinnemore (Queen's University Belfast) will be conference co-chairs. Please find more information on the CES website at https://ces-temple.secure-platform.com. If you have any questions or need assistance, please email us at:

events@ces-europe.org.

Dr. Eva Bahl, Universität Bochum, Fakultät für Sozialwissenschaft, D-44780 Bochum, E-Mail: Eva.Bahl@ruhr-uni-bochum.de

Dr. Stefan Böckler, Kassel, E-Mail: boeckler.stefan@t-online.de

Apl. Prof. Dr. Christian Deindl, TU Dortmund, Institut für Soziologie, Emil-Figge-Straße 50, D-44221 Dortmund, E-Mail: christian.deindl@tu-dortmund.de

Elena Erstling, M.A., Universität Tübingen, Institut für Soziologie, Wilhelmstraße 36, D-72074 Tübingen, E-Mail: elena.erstling@uni-tuebingen.de

Prof. Dr. Hartmut Esser, Universität Mannheim, Fakultät für Sozialwissenschaften und Mannheimer Zentrum für Europäische Sozialforschung, D-68131 Mannheim, E-Mail: hartmut.esser@uni-mannheim.de

Prof. Dr. Gabriele Fischer, Hochschule München, Fakultät für Angewandte Sozialwissenschaften, Am Stadtpark 20, D-81243 München, E-Mail: gabriele.fischer@hm.edu

Prof. em. Dr. Wolfgang Glatzer, Goethe-Universität Frankfurt am Main, Institut für Soziologie, Hauspostfach 10, D-60629 Frankfurt am Main, E-Mail: glatzer@soz.uni-frankfurt.de

Dr. Rainer Gresshoff, Paderborn, E-Mail: rainer.greshoff@uni-bremen.de

Prof. John Keane, PhD, The University of Sydney, School of Social and Political Sciences, NSW 2006, Australia, E-Mail: john.keane@sydney.edu.au

Prof. Dr. Gabriele Klein, Universiteit van Amsterdam, Faculty of Humanities, Nieuwe Doelenstraat 16, NL-1012 CP Amsterdam, E-Mail: g.klein @uva.nl

Prof. Dr. Klaus Lichtblau (i.R.), Goethe-Universität Frankfurt am Main, Institut für Soziologie, Hauspostfach 10, D-60629 Frankfurt am Main, E-Mail: k.lichtblau@soz.uni-frankfurt.de

Prof. Dr. Mona Motakef, TU Dortmund, Institut für Soziologie, Emil-Figge-Straße 50, D-44221 Dortmund, E-Mail: mona.motakef@tu-dortmund.de

Prof Dr. Rainer Paris, Hochschule Magdeburg-Stendal, Fachbereich Soziale Arbeit, Gesundheit und Medien, Breitscheidstraße 2, D-39114 Magdeburg, E-Mail: rainer.paris@h2.de

Prof. Dr. Tilman Reitz, Friedrich-Schiller-Universität Jena, Institut für Soziologie, Carl-Zeiß-Straße 3, D-07743 Jena, E-Mail: tilman.reitz@uni-jena.de

Prof. Dr. Joachim Renn, Westfälische Wilhelms-Universität Münster, Institut für Soziologie, Scharnhorststraße 121, D-48151 Münster. E-Mail: j.renn@uni-muenster.de

Antonia Rode, M.A., Hochschule München, Fakultät für Angewandte Sozialwissenschaften, Am Stadtpark 20, D-81243 München, E-Mail: antonia.rode@hm.edu

Dr. Kornelia Sammet, E-Mail: kornelia.sammet@uni-leipzig.de

Ann-Kathrin Schierok, TU Dortmund, Institut für Soziologie, Emil-Figge-Straße 50, D-44221 Dortmund, E-Mail: ann-kathrin.schierok@tu-dortmund.de

PD Dr. Janosch Schobin, Georg-August-Universität Göttingen, Fakultät für Agrarwissenschaften, Department für Agrarökonomie und Rurale Entwicklung, Platz der Göttinger Sieben 5, D-37073 Göttingen, E-Mail: janosch.schobin@uni-goettingen.de

Dr. Thomas Schwietring, Forschungszentrum Jülich GmbH, Geschäftsbereich Bioökonomie, Wilhelm-Johnen-Straße, D-52428 Jülich, E-Mail: thomas.schwietring@fz-juelich.de

Regula Selbmann, E-Mail: regula.selbmann@stud.uni-hannover.de

Prof. Dr. Annette Treibel (i.R.), Pädagogische Hochschule Karlsruhe, Bismarckstraße 10, D-76133 Karlsruhe, E-Mail: annettetreibel@icloud.com

Finja Tschampel, TU Dortmund, Fakultät Sozialwissenschaften, Emil-Figge-Straße 50, D-44221 Dortmund, E-Mail: finja.tschampel@tu-dortmund.de

Prof. Dr. Monika Wohlrab-Sahr, Universität Leipzig, Institut für Kulturwissenschaften, Beethovenstraße 15, D-04107 Leipzig, E-Mail: wohlrab@uni-leipzig.de

Dr. Birgit Zeyer-Gliozzo, TU Dortmund, Institut für Soziologie, Emil-Figge-Straße 50, D-44221 Dortmund, E-Mail: birgit.zeyer@tu-dortmund.de

Monika Wohlrab-Sahr
Transitionen und Transition

Das Thema des 42. DGS-Kongresses ist bewusst im Plural formuliert. Gleichzeitig verweist vieles auf eine umfassendere Transition, eine Transition im Singular. Darin verdichtet sich Verschiedenes zur Wahrnehmung eines umfassenden Umbruchs, in dem die alten Eckpfeiler von Stabilität und Orientierung kollabieren.

The theme of the 42nd DGS-congress is deliberately formulated in the plural. At the same time, much points to a more comprehensive transition, a transition in the singular. Various aspects converge in this, contributing to the perception of a sweeping upheaval in which the old cornerstones of stability and orientation collapse.

Tilman Reitz
Gefährdete Wahrheiten

Der Beitrag fragt aus soziologischer Perspektive nach den äußeren und inneren Gefährdungen, denen (Sozial-)Wissenschaft gegenwärtig in Deutschland ausgesetzt ist. Als innere Probleme werden die anhaltend schwierige Situation von Wissenschaftler*innen diesseits der Professur und die teilweise schädlichen Wettbewerbe um Projektmittel und Publikationsmetriken diskutiert, als externe Gefahren die drohenden finanziellen Einschnitte angesichts stagnierender oder sinkender Studierendenzahlen und der Erfolg autoritärer politischer Kräfte, die Wissenschaft als Elitendiskurs angreifen. Zum Ende werden Gegenmaßnahmen in der Stellenpolitik und im politischen Selbstverständnis der Soziologie vorgeschlagen.

The contribution discusses external and internal threats to the (social) sciences in Germany from a sociological perspective. Internally, the continuing difficulties of early career researchers as well as the partly destructive competition for project funding and citations metrics are analysed as main problems for serious research. Externally, the financial cuts reacting to stagnating or declining student numbers are juxtaposed with an autoritarian anti-elitism directed against science as such. The contribution closes with proposals for a more sustainable employment strategy and a renewed political self-understanding of sociology.

Joachim Renn
Autorität und Distanz

Eine soziologische Selbst-Beobachtung, die soziologische Aufklärung zu einer kontextgebundenen Praktik unter anderen erklärt, untergräbt die epistemische Autorität, der sie ironischerweise ihr Mandat verdankt. Denn entscheidend für die Autorität einer Wissenschaft ist die Unterbrechung der epistemischen Interdependenz einer spezialisierten Kommunikationsweise von anderen gesellschaftlichen Relevanzen und Vokabularen. Diese Unterbrechung verschafft der Wahrheitsorientierung empirisch eine institutionelle Heimstätte, die eine gegenüber praktischen Zwecken rücksichtslose, regulative Idee darstellt. Die Soziologie unterminiert jedoch gegenwärtig in weiten Teilen die für sie konstitutive Differenzierung und befördert die anderweitig betriebene Schwächung ihrer epistemischen Autorität, wo sie auf die Krisis einer Disziplin, die nicht Natur erforscht, sondern ausdifferenzierter Teil gesellschaftlicher Selbstverständigung ist, mit geltungsindifferenter Dekompensation reagiert.

A sociological self-observation that declares sociological enlightenment to be one context-bound practice among others undermines the epistemic authority to which it ironically owes its mandate. For what is decisive for the authority of a science is the interruption of the epistemic interdependence of a specialized mode of communication from other social relevancies and vocabularies. This interruption empirically provides the orientation toward truth with an institutional home, which represents a regulative idea that is ruthless in its pursuit of practical purposes. However, sociology is currently undermining much of the differentiation that is constitutive for it and promoting the weakening of its epistemic authority elsewhere, where it responds to the crisis of a discipline that does not explore nature but is a differentiated part of social self-understanding with decompensation that is indifferent to validity.

Rainer Paris
Kampf um Liegestühle

Der Beitrag diskutiert das bekannte Liegestuhl-Beispiel in Heinrich Popitz' »Prozesse der Machtbildung« unter Aspekten der Lehre und weiterer Fragestellungen. Im Vordergrund steht dabei die empirische Ambiguität der Situation hinsichtlich verdeckter Konflikte von Normen und fließender Übergänge der Abweichung. Es zeigt sich, dass das Beispiel unbeschadet der von Popitz herausgearbeiteten Gesetzmäßigkeiten von Privilegierung und Legitimierung auch für weitere soziologische Anschlussfragen und Analyseperspektiven geeignet ist, die vor allem in Lehrveranstaltungen fruchtbar eingesetzt werden können.

The article discusses the well-known deckchair example in Heinrich Popitz' »Prozesse der Machtbildung« from the perspective of doctrine and other issues. The focus is on the empirical ambiguity of the situation with regard to hidden conflicts of norms and fluid transitions of deviation. It is shown that the example is also suitable for further sociological follow-up questions and analytical perspectives, which can be used fruitfully in courses in particular, irrespective of the laws of privilege and legitimisation worked out by Popitz.

Wolfang Glatzer
Ein Jahrhundert Untersuchungen zur »Lebensqualität«

Lebensqualität ist ein vielseitiger Begriff, der weltweit im Feld wissenschaftlicher und gesellschaftlicher Aktivitäten zur Bezeichnung der individuellen und gesellschaftlichen Lebensverhältnisse verwendet wird. Die Idee entstand vor etwa hundert Jahren, und Konzepte zu ihrer Messung lagen bereits damals auf dem Tisch. Es dauerte viele Jahre, bis die Forschung zur Lebensqualität im Kontext der Sozialindikatorenbewegung und der gesellschaftlichen Zieldiskussion weiterentwickelt wurde. Mitte der 1990er Jahre war die Zeit offensichtlich reif, um dauerhaft Organisationen für Studien und Forschung zur Lebensqualität zu etablieren: ISOQOL und ISQOLS wurden gegründet und entwickelten sich zu Zentren für die Steuerung der Lebensqualitätsforschung. In der Folgezeit fand die Idee Eingang in alle Lebensbereiche, so in Wissenschaft, Politik, Wirtschaft, Klimawandel, Werbung und gesellschaftliche Debatten aller Art. Derzeit ist Lebensqualität ein kritisches, vielseitiges und nichtmilitantes Konzept zur Definition und Bewertung des sozialen Fortschritts im Hinblick auf die Entwicklung der Menschheit und ihrer Individuen.

Quality of life is a multifaceted term used worldwide in scientific and social activities to describe individual and social living conditions. The idea originated about a hundred years ago, and concepts for measuring it were already on the table at that time. It took many years for research on quality of life to develop further in the context of the social indicators movement and the discussion of societal goals. In the mid-1990s, the time was clearly ripe to establish permanent organisations for studies and research on quality of life: ISOQOL and ISQOLS were founded and developed into centres for the management of quality of life research. In the following years, the idea found its way into all areas of life, including science, politics, economics, climate change, advertising and social debates of all kinds. Today, quality of life is a critical, multifaceted and non-militant concept for defining and evaluating social progress in terms of the development of humanity and its individuals.

Elena Erstling
Nicht-Binarität als Kategorie ›in the making‹

Im Mittelpunkt der diesem Artikel zugrunde liegenden Masterarbeit steht Nicht-Binarität als geschlechtliche Personenkategorie. Dazu verbinde ich kategorisierungstheoretische Ansätze mit Gesa Lindemanns leibphänomenologischer Konzeption von Geschlecht und Transsexualität. Anhand von Interviews mit und Tagebüchern von Personen, die sich im Prozess eines Geschlechtswandels befinden, rekonstruiere ich, dass es sich um einen historisch jungen Möglichkeitsraum geschlechtlichen Erlebens handelt.

The article draws on my master‹s thesis and focuses on non-binary, understood here as a ›category of persons‹. The theoretical framework consists of Gesa Lindemann's embodied phenomenology and insights from categorization theory. Based on the analysis of narrative interviews and diaries written by individuals who are in the process of transitioning I argue that non-binary is a historically recent sphere of possible gendered experience.

Bitte berücksichtigen Sie folgende Hinweise zur Textgestaltung:

Verwenden Sie *Fußnoten* nur für inhaltliche Kommentare, nicht für bibliographische Angaben. Geben Sie *Literaturhinweise im Text* durch Nennung des Autorennamens, des Erscheinungsjahres und ggf. der Seitenzahl in Klammern. Zum Beispiel (König 1962: 17).

Bei *bis zu drei Autor:innen* geben Sie alle Namen an und trennen durch Kommata; bei *mehr als drei Autor:innen* ergänzen Sie den ersten Namen um »et al.«. Kennzeichnen Sie *mehrere Titel pro Autor:in* und Erscheinungsjahr durch Hinzufügung von a, b, c … (König 1962a, 1962b).

Mehrere, aufeinander folgende Literaturhinweise werden durch Semikolon getrennt (König 1962: 64; Berger, Luckmann 1974: 137)

In der *Literaturliste am Schluss des Manuskriptes* führen Sie alle zitierten Titel alphabetisch nach Autorennamen und je Autor:in nach Erscheinungsjahr (aufsteigend) geordnet auf, bei mehreren Autor:innen alle namentlich durch Schrägstrich getrennt nennen. Geben Sie Verlagsort und Verlag an.

Bücher: Luhmann, Niklas 1984: Soziale Systeme. Grundriss einer allgemeinen Theorie. Frankfurt am Main: Suhrkamp.

Zeitschriftenbeiträge: Müller-Benedict, Volker 2003: Modellierung in der Soziologie – heutige Fragestellungen und Perspektiven. SOZIOLOGIE, 32. Jg., Heft 1, 21–36.

Beiträge aus Sammelbänden: Lutz, Helma 2003: Leben in der Twilightzone. In Jutta Allmendinger (Hg.), Entstaatlichung und soziale Sicherheit. Opladen: Leske + Budrich, 254–266.

Internetquellen: Stark, Philip B. / Freishtat, Richard 2014: An Evaluation of Course Evaluations. ScienceOpen Research, doi: 10.14293/S2199-1006.1.SOREDU.AOFRQA.v1.

oder Steffen, Wiebke 2003: Polizeilich registrierte Gewalttaten junger Menschen: Grund zu Furcht und Sorge? Sozialwissenschaften und Berufspraxis, 26. Jg., Heft 2, 135–148. https://nbn-resolving.org/urn:nbn:de:0168-ssoar-38044. Letzter Aufruf am 27. April 2021.

Im Literaturverwaltungsprogramm *Citavi* können Sie unseren *Zitationsstil »Soziologie – Forum der Deutschen Gesellschaft für Soziologie«* nutzen. Fügen Sie Ihrem Manuskript bitte eine *deutsche* und eine *englische Zusammenfassung von maximal je 15 Zeilen*, sowie *Name, Titel* und *Korrespondenzadresse* bei. Schicken Sie Ihren Text bitte als .docx, .rtf oder .odt per E-Mail an die Redaktion der SOZIOLOGIE: soz-red@sozio.uni-leipzig.de.

Für *Berichte aus den Sektionen* beachten Sie bitte, dass der Text 7.500 Zeichen (inkl. Leerzeichen) nicht überschreiten sollte.